创新型高等职业教育精品教材

互联网+教育改革新理念教材

阳光青春 健康心灵：

大学生心理健康教育

主审 洪步华

主编 吴 琦 刘跃华

内容提要

本书以心理学理论为基础，结合当前大学生的身心发展特点、思想状况及常见心理问题编写而成。全书共10章，包括大学生心理健康概论、大学生环境适应与职业生涯规划、大学生的自我意识、大学生的人格塑造、大学生的人际交往、大学生的恋爱与性心理、大学生的情绪管理、大学生的学习心理、大学生的挫折与压力、大学生生命教育等，旨在帮助学生更好地理解心理健康、了解自己，学习心理自助与互助的方法，进而增强其自我调控能力，提高其心理素质，扩展其生命广度，提升其生命质量。

本书理论简明精练，内容系统全面，语言通俗易懂，案例贴近现实，可作为高等职业院校学生学习心理健康课程的教材。

图书在版编目（CIP）数据

阳光青春　健康心灵 ： 大学生心理健康教育 / 吴琦，刘跃华主编. -- 上海 ： 上海交通大学出版社，2023.9
ISBN 978-7-313-29258-2

Ⅰ. ①阳… Ⅱ. ①吴… ②刘… Ⅲ. ①大学生－心理健康－健康教育－高等职业教育－教材 Ⅳ. ①G444

中国国家版本馆CIP数据核字(2023)第149848号

阳光青春 健康心灵：大学生心理健康教育

YANGGUANG QINGCHUN JIANKANG XINLING：DAXUESHENG XINLI JIANKANG JIAOYU

主　　编：吴　琦　刘跃华

出版发行：上海交通大学出版社
地　　址：上海市番禺路951号

邮政编码：200030
电　　话：021-64071208

印　　制：北京鑫益晖印刷有限公司
经　　销：全国新华书店

开　　本：787 mm×1092 mm　1/16
印　　张：10.75

字　　数：248千字

版　　次：2023年9第1版
印　　次：2023年9月第1次印刷

书　　号：ISBN 978-7-313-29258-2
电子书号：ISBN 978-7-89424-419-2

定　　价：42.00元

本书编委会

主　审　洪步华

主　编　吴　琦　刘跃华

副主编　钟文平　朱小琴

PREFACE 前言

随着科学技术飞速发展，生活节奏不断加快，现代社会中的心理问题日趋严重。2016 年 12 月 30 日，国家卫生计生委、中宣部、中央综治办、民政部等 22 个部门共同印发《关于加强心理健康服务的指导意见》；2018 年 7 月 4 日，教育部印发《高等学校学生心理健康教育指导纲要》；党的二十大报告中明确指出，要“推进健康中国建设”，特别强调要“重视心理健康和精神卫生”。心理健康越来越受到国家的关注。

实践表明，大学生的许多心理健康问题都是在成长中遇到的，完全可以通过学习心理学的相关知识、掌握心理调节的方法和技巧进行自我调适，以适应未来社会的激烈竞争。为了进一步普及心理健康知识，切实加强大学生心理健康教育的课程建设和教材建设，及时帮助大学生缓解和消除成长过程中所遇到的各种心理困扰，我们在认真总结大学生心理健康教育工作，尤其是课堂教学经验的基础上，组织编写了本书。

具体来讲，本书具有以下鲜明特点。

一 素养培育，铸魂育人

本书积极落实教育立德树人的根本任务，致力于实现心理知识传授与育人目标的有机统一，旨在通过“润物细无声”的方式引导学生树立正确的世界观、人生观、价值观，帮助学生正确认识自己、接纳自己，掌握心理自我调适的方法，塑造健全人格，从而实现身心健康发展；同时，引导学生将个人发展同国家发展结合起来，使其在学习过程中明确职业目标和个人的社会价值，成长为有理想、有本领、有担当的新时代青年。

二 校企合作，协同育人

本书的编写在一线双师型教师和企业专职人员的支持与参与下进行，旨在帮助学生树立正确的职业认知和自我意识，加强学生的职业心理素质培养，使其做好职业心理准备，缩短步入企业的适应期。

三 全新形态，全新理念

本书力求突破传统教材的说教形式，贯彻教育改革新理念，深入浅出地阐述心理学基础知识，并在理论介绍中穿插“心理小知识”“心理小资料”“心灵故事”“拓展阅读”

“榜样人物”等模块，大大增强了本书的趣味性与可读性；每章后面还附有丰富的“心理训练”，包括“心理活动”“心书悦读”“心理测试”等模块，可以指导学生运用所学知识解决实际生活中的具体问题，同时拓展学生的知识面。

四 精心编排，内容实用

本书针对当代大学生面临的主要心理问题和存在的心理困惑，给予深入解读和分析，并提供相应的应对策略和自我调适方法，让学生懂得“是什么”“为什么”“怎么做”，以使大学生重视心理健康、提高心理素养，并能主动进行心理调节与维护。

五 平台支撑，资源丰富

本书将“互联网+”思想融入教材，利用二维码技术配备了丰富的电子学习资源，大学生拿出手机扫一扫，便可获取相关的视频资料，随扫随学，非常方便。同时，本书配套丰富的教学资源，如优质课件、教案等，可登录文旌综合教育平台“文旌课堂”（www.wenjingketang.com）查看和下载。

本书由洪步华担任主审，吴琦、刘跃华担任主编，钟文平、未小琴担任副主编。

在本书的编写过程中，我们还参考、借鉴了一些同仁的研究成果和资料，在此特向他们表示衷心感谢。书中所引用的资料大部分已获原作者授权，但由于部分资料来自网络，我们未能确认出处，也暂时无法联系到原作者。对此，我们深表歉意，并欢迎原作者随时与我们联系（电话：4001179835），我们将按规定支付酬劳。另外，本书没有注明资料来源的案例均为编者根据真实事件自编。

由于编者水平有限，书中存在的不当之处，敬请专家和读者批评指正。

片 头

CONTENTS

目录

第一章

与心灵相约，与健康同行

——大学生心理健康概论

第一节 心理健康概述

一 健康与心理健康

（一）健康的概念

在国际社会上，健康的定义经历了三个发展阶段。传统的生物—医学模式认为，健康就是人的躯体没有异常，疾病就是人的躯体出现异常现象。随着社会进步和科技发展，人类对健康有了新的认识。1948 年，世界卫生组织（WHO）将健康重新定义为“健康不仅仅是没有疾病和残缺，而且应在生理上、心理上和社会适应能力上都处于完好状态”。1989 年，世界卫生组织又进一步深化了健康的概念，认为健康应包括躯体健康、心理健康、社会适应良好和道德健康四个方面。由此可见，国际社会对健康的认知从生物—医学模式转向社会—心理—医学模式，极大地拓展了人们对健康的科学理解。

（二）心理健康的概念

社会各界对心理健康的认识是仁者见仁，智者见智，并没有一个明确而统一的定义。世界卫生组织将心理健康定义为“心理健康是个体实现自身潜能，能够应对日常生活压力，能够富有成效地工作，并能够为社会做出贡献的健康状态”。这一定义侧重心理健康的内涵，心理健康不仅指没有心理疾病或心理变态，而且包括个体社会适应良好、潜能充分发挥。中国国家卫生健康委员会将心理健康定义为“人在成长和发展过程中认知合理、情绪稳定、行为适当、人际和谐、适应变化的一种完好状态”。这一定义侧重心理健康体现的具体领域。虽然心理健康的定义多样，但是都强调个体内部协调和外部适应两个方面。

心理健康是健康的重要组成部分，没有心理健康就没有整体健康。个体的心理健康出现问题，不仅会损害自身幸福，还会影响家庭幸福，乃至社会和谐。因此，每个人都应该重视自己的心理健康。

政策引领

《关于加强心理健康服务的指导意见》

2016 年 12 月 30 日，国家卫生计生委（现为国家卫健委）、中宣部等 22 个部门联合印发《关于加强心理健康服务的指导意见》（以下简称《意见》）。这是加强心理健康服务、健全社会心理服务体系、改善公众心理健康水平、促进社会人际和谐、提升公众幸福感的关键措施，是培养良好道德风尚、促进经济社会协调发展、培育和践行社会主义核心价值观的基本要求，也是实现国家长治久安的一项源头性、基础性工作。

《意见》部分内容摘录如下：

到 2020 年，全民心理健康意识明显提高。各领域各行业普遍开展心理健康教育及心理健康促进工作，加快建设心理健康服务网络，服务能力得到有效提升，心理健康服务纳入城乡基本公共服务体系，重点人群心理健康问题得到关注和及时疏导，社会心理服务体系初步建成。

到 2030 年，全民心理健康素养普遍提升。符合国情的心理健康服务体系基本健全，心理健康服务网络覆盖城乡，心理健康服务能力和规范化水平进一步提高，常见精神障碍防治和心理行为问题识别、干预水平显著提高，心理相关疾病发生的上升势头得到缓解。

（资料来源：中华人民共和国国家卫生健康委员会）

二、心理健康的标准

（一）心理健康的一般标准

心理健康的标准众说纷纭，归纳起来大致有以下 10 条：

（1）有充分的安全感。

（2）充分了解自己，并能恰当地评价自己的能力。

（3）生活目标切合实际。

（4）能与周围的环境保持良好的接触。

（5）能保持人格的完整与和谐。

（6）具有从经验中获取知识的能力。

（7）能保持良好的人际关系。

（8）能适度地表达和控制自己的情绪。

心理健康十大标准

（9）能在集体允许的前提下，有限度地发挥个性。

（10）能在不违背社会规范的条件下，适度地满足个人的需要。

拓展阅读

正确理解心理健康

心理健康的状态是相对的。人的心理世界是复杂多样的，每个人都可能出现不良心理状态，即使是一个健康的人，也可能出现突发性、暂时性的心理异常。因此，大学生在理解心理健康的概念和标准时应注意以下几点：

（1）心理不健康与有不健康的心理和行为表现不能等同。心理不健康是指一种持续性的不良心理状态。偶尔出现一些不健康的心理和行为并不等同于心理不健康，更不等同于已患心理疾病。判断自己或他人的心理健康状况时，不能仅凭一时一事而简单地下结论。

（2）心理健康与不健康不是泾渭分明的对立面，而是一种连续状态。良好的心理健康状态与严重的心理疾病之间有一个广阔的过渡带。在许多情况下，异常心理与正常心理、变态心理与常态心理之间没有绝对的界限，只存在程度上的差异。

（3）心理健康状态不是固定不变的，而是动态变化的。随着个体的成长、经验的积累、思维方式的转变、某些行为习惯的养成和环境的改变，个体的心理健康状况也会有所变化。

（4）心理健康的标准是一种理想尺度，它不仅为人们提供了心理健康的衡量标准，也为人们指明了提高心理健康水平的努力方向。

（资料来源：澎湃网，有改动）

（二）大学生心理健康的基本标准

大学生的年龄一般为18～25岁。从心理学的角度来看，大学生正处于青年中期，其心理具有这一年龄阶段青年的许多特点，但同时大学生又是一个特殊群体，其心理与社会上的青年不完全一样。根据大学生这一特殊群体的年龄特征、心理特征和社会角色特征，大学生心理健康的基本标准可归纳为以下八个方面。

1．智力正常

智力是指一个人的认知能力和活动能力，是个体观察力、注意力、记忆力、思维力和想象力的综合。智力正常是指个体具有在经验中学习知识和理解事物的能力、获得和保持知识的能力、迅速而准确应变的能力，以及运用逻辑思维解决问题的能力等。心理健康的大学生具有强烈的求知欲和浓厚的探索兴趣，能够克服学习过程中的困难，保持一定的学习效率，并能从学习中获得快乐和满足。

2. 自我意识完善

自我意识是个体对自己存在状态的认识，也是个体对自己的社会角色进行评价的结果。自我意识完善是指个体能正确地认识自己、评价自己、接纳自己。

心理健康的大学生能够正确地自我观察、自我认定、自我判断、自我评价，即客观地认识自己，摆正自己的位置。他们既不因自己某些方面强于别人而自傲，也不因某些方面弱于别人而自卑；既能正确对待自己的优点，也不回避自己的缺点，能够自我悦纳，做到自尊、自强、自爱；面对挫折与困难，能够正视现实，积极进取，而不是自暴自弃。

3. 人格完整

人格是个体的性格、气质、能力、需要、动机、兴趣、信念、价值观等方面的总和。人格是个体独有的心理特征，是在先天素质和后天环境的共同作用下形成的，具有相对的倾向性和一定的稳定性。

人格完整是指个体的人格结构各要素不存在明显的缺陷与偏差，个体在气质、能力、性格等方面均衡发展，具有正确的自我意识，以积极进取的人生观作为人格的核心，并以此为中心把自己的需要、目标和行动统一起来。

4. 意志健全

意志是个体自觉地确定目标，并根据目标调节、支配自己的行为，以克服困难、实现预定目标的心理过程。意志健全是指个体在自觉性、果断性、坚韧性和自制力等方面都表现出较高的水平。意志健全的大学生在各种活动中都有明确的目标，能适时地做出决定并运用切实有效的方法解决所遇到的问题；在困难和挫折面前，能采取合理的应对方式，并控制自己的情绪和言行，而不会盲目行动。

5. 情绪健康

情绪健康的标志是情绪稳定、态度乐观、心情愉快。具体来说，情绪健康的表现如下：① 正面情绪多于负面情绪，乐观开朗，富有朝气，对生活充满希望；② 情绪稳定，善于控制自己的情绪，能合理宣泄自己的情绪；③ 情绪的表达既符合社会的要求又符合自身的需要，能在不同的场合恰如其分地表达情绪，情绪反应的强度与引起这种情绪的情景相符合。

情绪在心理健康中具有重要作用。情绪健康不仅有利于个体获得良好的心理状态，也有利于个体心理功能（如感受、思维等）的提升，从而更好地发挥自身潜能。因此，大学生应保持愉快、稳定的情绪，学会合理调节自己的情绪。

6. 人际关系和谐

人际关系是人们在生产或生活活动中所建立的一种社会关系。和谐的人际关系有利于个体保持愉悦的心情，有助于个体形成健康的心理。

心理健康的大学生能够与同龄人建立平等、互助、和睦的伙伴关系。其具体表现如下：① 乐于与人交往，能建立广泛的人际关系，也能结交知心朋友；② 在交往中保持独立而完整的人格，有自知之明，不卑不亢；③ 能客观地评价别人和自己，善于取人之长，补己之短；④ 能宽以待人，乐于助人；⑤ 交往态度积极，交往动机端正。

7. 社会适应能力良好

适应能力是衡量心理健康的重要指标。心理健康的大学生能够较快地适应环境，包括学习环境与生活环境、自然环境与人际环境等；能够和社会保持良好的接触，对社会现状有清晰、正确的认识，思想和行动都能紧跟时代发展的步伐；即使突然遭遇意外或身处恶劣环境中，也能较快地进行自我调节，顺应环境变化并保持心理平衡。

8. 心理和行为特征符合大学生的年龄特征

年龄特征是指在一定的社会环境和教育条件下，不同年龄阶段的个体在生理和心理发展方面所表现出来的典型的和本质的特征。个体在不同的年龄阶段，会有不同的心理和行为特征，进而形成独特的心理与行为模式。例如，大多数儿童活泼好动，大多数中年人成熟稳重，等等。

心理健康的人应具有与其实际年龄相匹配的心理与行为特征，并形成与其年龄相适应的心理与行为模式。如果一个人经常表现出严重偏离相应年龄的心理与行为特征，那么其心理可能是不健康的。大学生正处于人生中的黄金时期，他们精力充沛、思维敏捷、情感活跃、勤学好问、独立自主，面对困难能始终保持积极乐观的态度，这才是心理健康的大学生应有的心理与行为特征。

第二节 大学生常见的异常心理

大学生面临压力、竞争、矛盾、冲突时，可能会因自身的生理和心理、社会环境等多方面因素的共同作用而出现神经症、情感性精神障碍、人格障碍、精神分裂症等异常心理。大学生对于自身的异常心理问题，要尽早发现，并及时寻求专业帮助，尽早治疗，以尽快恢复健康的心理状态，切莫讳疾忌医。

一 神经症

神经症是一组主要表现为神经衰弱、焦虑症、强迫症、恐惧症等精神障碍。神经症患者的心理功能和社会功能会受到不同程度的影响，使他们深感痛苦。

（一）神经衰弱

神经衰弱是指人体因大脑神经持续性过度紧张而出现脑内兴奋抑制功能失调、神经活

动能力减弱的一种心理异常现象。神经衰弱的症状很复杂，患者往往既有心理症状又有躯体症状，具体表现为：易疲乏、记忆力衰退、注意力难以集中、情绪低落、心烦意乱、易激惹（一种反应过度的精神病理状态，其常见表现为容易生气、敏感、激动、愤怒，甚至与人争吵不休等）、睡眠障碍、心悸、胸闷、肌肉紧张性疼痛等。

（二）焦虑症

焦虑症又称焦虑性神经症，以焦虑情绪体验为主要特征，可分为广泛性焦虑和急性焦虑（又称惊恐障碍）两种形式。

广泛性焦虑又称慢性焦虑症，主要表现为经常或持续存在的焦虑，是焦虑症最常见的表现形式。患者通常有如下表现：在无明确客观原因的情况下持续紧张或担忧，常伴有自主神经功能紊乱的症状，如心悸、手抖、出汗、尿频等。

急性焦虑是指反复出现突然发生的、不可预期的强烈恐惧感或不适感，并伴有自主神经功能失调的一种症状。患者通常有如下表现：反复出现突然性的莫名恐慌和不安，每次发作可持续几分钟至数十分钟，常伴有心慌、呼吸急促、眩晕、四肢无力、浑身出汗等症状。

由于学业压力过大、情感困扰、人际交往纠纷、价值观冲突、就业压力过大等，大学生较容易患上焦虑症，其生活、学习和职业发展也会因此受到不同程度的影响。

心灵驿站

大学生应学会区分正常的焦虑情绪和焦虑症。具体可从以下两个方面入手：一方面，学会分辨自己的焦虑情绪是否“过多”“长期”“不必要”，以及这种焦虑情绪是否给自己的日常生活带来较大的负面影响，如不能专心上课、不能正常学习、不能正常交往等。若焦虑情绪持续时间短或偶尔出现，并且未给日常生活带来重大影响，则通常为正常的焦虑情绪。另一方面，学会区分自己的焦虑情绪是来源于“客观事实”还是“主观感受”，以及这种焦虑情绪的程度是否与客观事实相匹配。若焦虑情绪的严重程度与客观事实明显不相符，或焦虑情绪持续时间过长，则可能为焦虑症。

（三）强迫症

强迫症是一种以强迫思维和强迫行为为主要表现的神经症。其特点是有意识的自我强迫和反强迫并存，两者之间的强烈冲突使患者感到焦虑和痛苦。强迫症的常见症状如下：一些毫无意义的甚至违背自己意愿的想法或冲动反复侵入患者的日常生活，患者往往能认识到这些想法或冲动来源于自身，并想要极力抵抗，但始终无法控制这些想法或冲动。例如，有的患者不由自主地产生一些强迫性的回忆、念头、疑虑等，明知不必要，但难以摆脱；有的患者常做一些没意义的动作，如反复洗手、查看、询问等，不这样做就会感到不安。这些症状会严重影响患者的生活、学习、工作和人际交往。

（四）恐惧症

恐惧症是指个体对某一特定的物体、活动或处境产生持续紧张和毫无理由的惧怕心理，并产生回避反应。患者的惧怕心理和现实情形并不相符，且其明知这种反应不合理，但是仍会反复产生这种反应，并难以控制。

常见的恐惧症有动物恐惧症、广场恐惧症、社交恐惧症、密集物体恐惧症等。大学生常见的恐惧症是社交恐惧症。恐惧症常急剧发作，患者会产生严重的恐惧心理，甚至达到惊恐的程度。恐惧症的治疗以心理治疗为主，治疗的关键是让患者不回避引发痛苦的某种刺激，并在有一定心理准备的前提下尝试去面对它、适应它、克服它。

二 情感性精神障碍

情感性精神障碍又称心境障碍，是指由多种因素引起的以显著而持久的情感或心境改变为主要特征的一类疾病。其主要临床表现如下：情绪极度高涨或极度低落，且伴有相应的思维改变和行为改变。

情感性精神障碍包括抑郁症、躁狂症和躁郁症。其中，仅有抑郁发作或仅有躁狂发作的分别称为抑郁症或躁狂症，两种都有的称为躁郁症。抑郁症的临床表现如下：情绪极度低落，时常感到沮丧和悲伤，出现烦躁不安、失眠等现象；对周围的一切均不感兴趣，甚至忽视自身的外在形象与健康，整天无所事事地坐着或终日昏睡；动作迟缓，活动减少，疏远亲友，回避社交，甚至出现不语、不动、不食等情况；有明显的思维阻滞、注意力障碍、交流障碍等；容易产生罪恶感，认为自己应受到惩罚，甚至有轻生的想法或行为；可能出现认知功能、语言功能及其他自主神经功能的紊乱症状。躁狂症的临床表现如下：极度兴奋、情绪高涨、思维奔逸、精力充沛、活动增多、自我评价过高等。

正常人的情感体验多种多样，其情感有相应的表达方式，并且能够自控和为人所感知。而情感性精神障碍患者通常丧失情感自控力和对重大刺激的主观体验，这往往会导致患者的社会功能受损。

三 人格障碍

人格障碍是指明显偏离正常且根深蒂固的行为方式。其具体表现为在自我认知、情感表达、人际关系等方面产生经常性、反复性的冲突。大学生常见的人格障碍有以下六种。

（一）偏执型人格障碍

这种人格障碍以无端猜疑和偏执为特点。患者的主要表现如下：① 对周围的人或事物

敏感、多疑、不信任；② 经常无端怀疑别人要伤害、欺骗或利用自己，或认为别人有针对自己的阴谋，因此过分警惕或怀有敌意；③ 遭遇挫折或失败时，总是推诿责任，埋怨、怪罪他人，夸大他人的缺点或失误；④ 常有病理性嫉妒心理，如毫无根据地怀疑伴侣不忠；⑤ 易记仇，并伴有回击、报复之心；⑥ 自我评价过高，拒绝接受任何批评。

（二）分裂型人格障碍

这种人格障碍以观念、行为奇特，衣着另类，情感冷漠，人际关系有明显缺陷为特点。患者的主要表现如下：① 喜欢独来独往，与家庭和社会疏远，除了在生活或工作中必须接触的人外，基本不与他人主动交往，刻意回避一切社交，无法与他人建立良好的人际关系，没有知心朋友；② 面部表情呆板，对人冷漠，对批评和表扬无动于衷，缺乏情感体验，甚至不通人情；③ 不修边幅，衣着另类，行为古怪，与社会格格不入；④ 说话时逻辑混乱，语言荒诞、离奇、怪异。

（三）反社会型人格障碍

这种人格障碍以行为不符合社会规范、经常违法乱纪、对人冷酷无情为特点。患者的主要表现如下：① 经常旷课或旷工，不能持久地开展学习或工作；② 对家庭成员缺乏爱和责任心，对人冷漠无情；③ 经常撒谎，以获私利或取乐；④ 缺乏自我控制力，易激惹，并有攻击行为；⑤ 无道德观念，对善恶是非缺乏正确判断，伤害他人后无内疚感；⑥ 极度自私或以自我为中心，经常做损人利己的事，且无羞耻感。

（四）冲动型人格障碍

这种人格障碍以阵发性情感爆发为特点，常有明显的冲动行为，故又称攻击型人格障碍。患者的主要表现如下：① 情感不稳定，易激惹，易与他人发生冲突，会因点滴小事爆发强烈的愤怒情绪或实施攻击行为，难以自控，发作后会对自己的言行感到懊悔，但又不能防止类似情况再次发生；② 人际关系不稳定，时好时坏，几乎没有持久的朋友；③ 情绪发作时，对他人有攻击行为，也可能出现自残、自杀等行为；④ 做事缺乏计划性和目的性，虎头蛇尾，很难坚持做需要较长时间才能完成的事情。

（五）表演型人格障碍

这种人格障碍以过分感情用事或用夸张言行来吸引他人注意为特点。患者的主要表现如下：① 情感体验较肤浅，情感反应强烈且易变，常感情用事，根据自己的好恶判断事物的好坏；② 爱表现自己，言行夸张、做作，犹如演戏，常哗众取宠，危言耸听；③ 常渴望被表扬和同情，爱撒娇，任性，心胸较狭隘，接受不了他人的批评；④ 以自我为中心，常强迫他人按自己的意愿做事，不能如愿时则表达出强烈的不满；⑤ 易受暗示，意志力较薄弱，容易受他人影响或诱惑；⑥ 爱幻想，表达客观事实时易掺杂幻想情节。

（六）强迫型人格障碍

这种人格障碍以过分严格要求自己或他人、追求完美为特点。患者的主要表现如下：① 对任何事物都要求过严、过高，循规蹈矩，按部就班，否则会感到焦虑不安；② 拘泥于细节，甚至对生活中的小细节也要求程序化；③ 常有不安全感，往往反复考虑某个问题，唯恐出现差错；④ 固执且专制，总是要求别人按照自己的方式办事；⑤ 遇到问题时常犹豫不决，推迟或逃避做决定；⑥ 过分节俭，甚至吝啬；⑦ 责任感过强，过分投入学习或工作，在工作中缺乏快乐和满足感，反而经常产生悔恨和内疚情绪。

人格的异常会妨碍人格障碍患者的情感和意志活动，破坏其行为的目的性和统一性。这种异常在患者待人接物过程中表现得尤为突出。人格障碍通常开始于童年、青少年，并一直持续到成年，甚至会持续终生，但部分人格障碍患者的病情在成年后会有所缓解。

四 精神分裂症

与其他心理异常不同的是，精神分裂症患者已丧失自主生活能力，病情严重到非住院治疗不可的地步。其临床表现主要包括思维松散、联想不合逻辑、妄想、情感不恰当或过于平淡、社会功能缺陷等。根据临床表现的不同，精神分裂症可以分为以下三种类型。

（一）单纯型精神分裂症

单纯型精神分裂症多发生在青少年时期。患者多数性格孤僻、懦弱，不喜欢人际交往。患者早期常有失眠、头痛、精神萎靡等表现，并逐渐出现反应迟钝、不与人交往、对任何事都不感兴趣、对生活没有任何期待等表现；随后，常出现不愿意上课或学习、对人冷漠、整天呆坐或蒙头大睡、偶尔情绪激动等表现。

（二）青春型精神分裂症

青春型精神分裂症多发生于青春期。患者发病之前，通常性格乖戾，情绪波动大，敏感而多疑，富于幻想。该病起病急骤，病情发展很快，几天内就可达到高峰。患者发病后，会出现如下症状：思维紊乱，语言表达不连贯，很难与人交谈；情感波动很大，变化无常，时笑时哭，常无缘无故大发雷霆；意志力薄弱；动作无意义。

（三）紧张型精神分裂症

紧张型精神分裂症多发生于 18～25 岁。其症状主要有木僵状态与兴奋跳动两种，有时单独出现，有时交替出现。

心理小知识

癔症木僵症通常发生在心理创伤之后，患者在相当长的时间内维持固定的姿势（仰卧或坐着），没有言语和动作，对光线、声音和疼痛刺激没有反应。此时，患者的肌张力、姿势和呼吸无明显异常。用手拨患者上眼睑，可见其眼球向下移动，或双眼紧闭，这表明患者既非入睡，也不是处于昏迷状态。

第三节　大学生健康心理的培养

开展大学生心理健康教育，不仅关系到高等教育阶段培养身心健康、全面发展的新型人才教育目标的有效达成，而且关系到全民素质的提高。大学生应当有意识地培养健康心理，提高自己的心理素质。

一　掌握必要的心理健康知识

心理健康知识包括心理健康的内涵、心理健康的判断标准、各类心理障碍的识别与预防、心理咨询、心理治疗等多个方面。掌握必要的心理健康知识，有助于人们更好地开展学习、工作和人际交往，更健康、愉悦地生活。因此，大学生应当主动学习心理学和心理健康的相关知识，了解自身的心理特点，并掌握科学的心理调适方法。

二　构建健康的生活方式

生活方式对心理健康的影响越来越为人们所关注。只顾学习、工作，或者随心所欲地生活，都不是健康的生活方式。大学生应该养成良好的生活习惯，构建健康的生活方式，培养积极乐观的生活态度和高雅的生活情趣，做到起居有常、饮食有度、科学用脑、劳逸结合、有效调节。

三　积极参加集体活动

在学有余力的情况下，大学生应积极投入班级、社团等集体活动，在丰富业余生活的同时，充分发挥自己的长处，弥补自己的不足。积极参加集体活动不仅有助于开发智力和发挥创造力，还有助于提高人际交往的技巧，从而建立和谐的人际关系。

四 培养良好的心理品质

（一）客观认识自我，积极悦纳自我

心理学研究表明，个体对自己的认识和评价与本人实际情况越接近，其内心矛盾与冲突就越少，社会适应能力就越强。反之，自卑心理过重或过于自负的人，更容易感到紧张或焦虑，从而产生心理问题。因此，大学生应该客观地了解自己，正确地评价自己，积极地悦纳自己，对自己充满信心，学会扬长避短，不苛求自己。

（二）合理有效地调控情绪

情绪是个体对外界刺激的主观体验，可引发一系列的心理反应和生理反应。情绪对个体心理健康的影响很大，几乎每一种心理疾病都有相应的情绪表现，大多数躯体疾病的产生和发展都受心理因素的影响。情绪本身无好坏之分，但由情绪引发的行为或行为的结果有好坏之分。因此，大学生应当合理地调控情绪，避免不当言行及其产生的不良后果。需要注意的是，调控情绪并非消灭情绪，而是疏导情绪，将情绪合理化。

（三）自觉提升挫折承受力

挫折承受力的大小通常能反映一个人的心理素质和心理健康水平。每个人在人生道路上都会遇到挫折。一般来说，挫折承受力较强的人，往往挫折反应较弱，挫折对其产生的消极影响较小；而挫折承受力较弱的人，则容易在挫折面前不知所措，且易受伤害，甚至出现心理异常。其实，挫折就像一块石头，害怕他的人认为它是一块绊脚石，而心理健康的人则认为它是一块垫脚石，能让自己站得更高，看得更远。对于大学生来说，不仅要正确认识挫折、勇敢面对挫折，还要采取科学的方式战胜挫折，从而提升自身的挫折承受力。

五 主动寻求心理辅导与咨询

当自己无法消除心理困扰，或者即使向朋友、亲人倾诉也不能消除烦恼的时候，可以向心理辅导老师寻求帮助，也可以选择一个专业的心理咨询机构进行心理咨询。心理辅导老师和心理咨询师能为来访者提供专业的心理咨询服务，和来访者一起探寻心理问题产生的原因，并努力寻找消除心理问题的办法，进而帮助来访者调整心理状态，维护心理健康，优化心理品质，从而促使来访者健康成长。

拓展阅读

关于心理健康的重要日子

“5 • 25”——全国大学生心理健康日

每年的5月25日是“全国大学生心理健康日”。“5 • 25”的谐音即“我爱我”，以此提醒大学生“珍惜生命，关爱自己”。

2000年，由北京师范大学心理系团总支、学生会提出倡议，十多所高校共同参与申请，并经有关部门批准，每年的5月25日为“北京市大学生心理健康日”。2004年，共青团中央学校部、全国学联共同决定将每年的5月25日确定为“全国大学生心理健康日”。自此，各地高校大学生在每年的5月25日都会开展“5 • 25”心理健康教育活动。形式多样的活动，能够引导大学生关注心理健康，增强心理保健意识，提高心理素质和自我调适能力，学会更好地爱自己，进而学会爱别人、爱社会。

“10 • 10”——世界精神卫生日

1992年，由世界精神病学协会发起，并经世界卫生组织确定：每年的10月10日为“世界精神卫生日”。创设世界精神卫生日的目的是提高公众对精神卫生疾病的关注度。国家卫生计生委（现为国家卫健委）于2000年第一次在世界精神卫生日组织开展大规模活动，宣传精神卫生并普及心理健康知识。随着中国经济、社会的高速发展，精神卫生、心理健康工作开始受到社会各界的广泛重视，世界精神卫生日的活动也在中国更加广泛地开展起来。开展世界精神卫生日活动成为普及精神卫生知识、传播精神卫生理念的重要途径。

（资料来源：搜狐网，有改动）

第四节 心理咨询

一 心理咨询的概念

心理咨询

心理咨询是指在建立良好咨询关系的基础上，由经过专业训练的心理咨询师运用咨询心理学的相关理论和技术，向有心理问题的来访者提供帮助，挖掘来访者本身的潜在能力，改变来访者原有的认知结构和行为模式，进而解决来访者的心理问题，促进来访者心理良好适应和协调发展的过程。

在心理咨询过程中，来访者就自身存在的心理不适或心理障碍，向心理咨询师进行述说、询问，与心理咨询师共同讨论并找出引起心理问题的原因，进而寻求摆脱困境、解决问题的对策并加以执行，以便恢复健康的心理状况。

心理小知识

心理治疗是指在建立良好治疗关系的基础上，经过专业训练的临床心理医生运用临床心理学的相关理论和技术，向心理障碍患者提供帮助，以消除或缓解患者的心理障碍，促进其人格向健康的方向发展的过程。

心理治疗是19世纪创立的，心理咨询是20世纪40年代兴起的。概括地说，心理咨询的主要任务是针对人们在日常生活中出现的心理困惑和烦恼提供咨询，而心理治疗的主要任务是针对人们在人格、情绪和行为上的障碍及变态行为提供治疗。两者之间没有截然的界限，却有着不同的专业评核标准和训练要求。

简单地说，心理治疗人员不但要掌握心理咨询的知识，还要掌握一定的医学知识，而心理咨询人员则不必掌握医学方面的知识。

二 科学看待心理咨询

心理咨询力图帮助来访者将不愉快的经历变为自我成长的良机。在心理咨询的过程中，心理咨询师引导来访者积极看待自己所遭受的挫折和磨难，辩证地看待生活中的忧愁或烦恼，从危机中看到生机，从困难中看到希望。因此，大学生应科学地看待心理咨询。具体而言，应注意以下五个方面。

（一）心理咨询不同于日常安慰

在日常生活中，人们在安慰他人时，总是会劝说他人尽早忘却不愉快的经历。“过去的事情就让它过去吧，明天会更美好的！”这大概是人们在劝慰他人时常用的话语。但是，心理咨询师不会劝说来访者忘却过去，而是帮助来访者分析心理问题产生的原因，总结经验教训，增强生活智慧，以使来访者更好地应对日后生活中可能出现的各种困难和挫折。与日常安慰相比，心理咨询不仅要让来访者重获开心，更要促使来访者自我探索和不断成长。

（二）心理咨询适用于精神正常的人

许多人认为，接受心理咨询的人通常是患有精神疾病的人，这是对心理咨询的严重误解。其实，心理咨询的适用对象是精神正常的人，具体包括以下三类对象：① 因遇到与心理有关的现实问题而产生心理援助需求的人群；② 因出现心理健康问题而产生心理援助需求的人群；③ 特殊对象，即临床治愈的精神病患者。应注意的是，心理咨询的对象不包括

精神不正常的人（即精神病患者）。

因此，我们应该正确看待心理咨询，不论是谁，只要有心理困惑或烦恼，并希望改善心理状态，都可以寻求心理咨询师的帮助。

（三）心理咨询会尽量保护隐私

保密原则是心理咨询中最为重要的原则。它既是咨访双方确立相互信任的咨询关系的前提，也是咨询活动顺利开展的基础。这一原则要求咨访双方不得在没有经过对方同意的情况下，将对方在咨询场合下的言行和相关信息泄露给任何单位或个人。所以，来访者不必担心寻求心理咨询会泄露个人隐私。当然，保密也有例外——如果来访者的想法、行为或者行为意向有可能伤害到自己或他人，那么心理咨询师有权将有关情况报告给相关管理机构或管理人员。

（四）心理咨询强调助人自助

心理咨询的本质是“助人自助”。助人自助要求心理咨询师致力于为来访者提供心理支持，帮助来访者“自救自助，自主人生”。如果来访者本人拒绝接受心理咨询，或者缺乏消除心理问题的内在动力，那么心理咨询师所提供的支持就是无效的，或者难以产生好的效果。所以，在心理咨询的过程中，心理咨询师不求教育他人，而求开导他人，不能包办代替，而应减少来访者的依赖性，增强来访者的独立性和自主性，启发他们用自己的意志做出决策，使他们从“他助”转向“自助”，做自己命运的主人。

（五）心理咨询很难立竿见影

很多来访者认为，只需要做两三次心理咨询，就能够获得明显的治疗效果，进而解决心理问题。这种认知是错误的。事实上，从个体发展的角度看，心理咨询是一个连续的、动态的过程，包含双方信任关系的建立、求助问题的澄清、求助问题的分析、来访者的个人探索、咨询目标和方案的探讨与确定、咨询效果的评估、咨询方案的灵活调整及咨询结束等环节。短程的心理咨询需要几周时间，中程的需要几个月，而长程的则需要几年，因为习惯的养成、心灵的成长、个性的完善等都是需要时间的。

三　心理咨询的种类

（一）发展性咨询和健康性咨询

按照咨询的性质和内容，心理咨询可分为发展性咨询和健康性咨询。

1. 发展性咨询

这类咨询的适用对象为无明显的心理冲突且基本上能适应环境的健康人群。在发展性咨询中，心理咨询师针对来访者出现的心理困惑和心理问题（如恋爱情感受挫、择业受挫等引起的心理问题）进行心理辅导，引导来访者针对自我发展的问题做出理想的选择。发展性咨询的目的是使来访者更好地认识自己，扬长避短，充分发挥潜能，从而提高生活的质量。

2. 健康性咨询

健康性咨询主要适用于有一般心理问题、可疑神经症或严重心理问题的人群。这类人往往在现实生活中有各种烦恼和压力，或者有明显的心理矛盾和冲突，且社会适应能力受到了影响。例如，一些大学生因环境适应不良而焦虑，因学习成绩不好而苦闷，因单恋或失恋而萎靡不振，因人际关系紧张而自卑，等等。这些大学生就有必要进行健康性咨询。在健康性咨询中，心理咨询师主要针对来访者在学习、工作和人际关系等方面的适应不良提供帮助，目的是消除来访者的心理困扰，减轻其心理压力，提高其适应能力。

（二）个别咨询和团体咨询

按照咨询对象的人数，心理咨询可分为个别咨询和团体咨询。

1. 个别咨询

个别咨询是指由一位心理咨询师为一位来访者提供一对一咨询服务的咨询类型。个别咨询的形式灵活多样，既可采用面谈的方式，也可通过电话、微信、QQ、邮件等媒介进行。个别咨询着重解决来访者个人的心理问题，是心理咨询中最常用的类型。由于这种咨询没有他人在场，所以来访者一般顾虑较少，可以毫无保留地暴露自己的心理问题，自由地表达自己的真实想法。

2. 团体咨询

团体咨询是指心理咨询师将具有同类心理问题的来访者组成小组或团体后，对其进行集体指导。团体咨询的人数没有固定的标准，但人数太多不利于咨询的开展。当咨询人数超过 20 人时，一般可分小组进行。在团体咨询中，来访者还可以通过相互观察、学习、交流和鼓励，进行自我探索，在团体互动中形成新的行为模式，从而促进自身心理的健康发展。

四 心理咨询的作用

心理咨询可以引导来访者从一个全新的角度看待自己与社会，促使来访者形成全新的行为模式，从而消除心理障碍。具体而言，心理咨询的作用包括以下五个方面。

（一）认识问题根源

心理咨询师能够帮助来访者认识到，大部分心理困扰都源自个体尚未解决的内部冲突，而非源自外部环境。通过心理咨询，来访者能够逐渐认识到，只有消除自己的内部冲突，才能从根本上解决自己的心理问题。

（二）纠正错误观念

来访者通常认为自己十分清楚自己需要什么和正在做什么，而实际上并非如此。他们通常以各种非理性观念来看待事物。在心理咨询的过程中，心理咨询师可以引导来访者审视自己的非理性观念，逐步改变不合理的思维方式和情感表达方式，使其用理性观念和合理的思维方式来看待事物，学会与外界和谐相处。

（三）深化自我认识

在心理咨询的过程中，心理咨询师可引导来访者进行自我探索，促使他们认识自己的需要、价值观、态度、动机、优缺点等，帮助来访者客观地认识自我，从而更加理性地看待自己与周围事物之间的关系。

（四）学会面对现实

一些来访者习惯于回味过去或计划未来，通过逃避现实来缓解自己的焦虑情绪；一些来访者总是希望客观事物完全按照自己的主观愿望发展。这些都是不能客观面对现实的表现。而心理咨询能帮助来访者树立面对现实的信心和勇气，引导他们正确面对现实。

（五）建立新的行为模式

心理咨询师具备系统、丰富的心理学理论、方法与技巧，能够针对来访者的心理问题，采用合适的方式促使其做出积极反应，从而帮助来访者建立新的合理的行为模式。这种新的行为模式能让来访者正确地表达自己的情感，与外界和谐相处。

心理训练

心理活动

我的心理健康吗？

【活动目的】

学会自我观察和自我分析，了解自己的心理健康状况，并有针对性地调整自己的心理状态。

【活动过程】

（1）准备一张白纸、一支笔。

（2）教师播放一段节奏舒缓的音乐旋律。

（3）学生进行自我观察：① 根据自己日常生活和学习中的行为表现，简要分析自己的心理状态；② 用 10 个词语描述自己的心理状态；③ 用一段话简要描述自己进入大学后的心理状态。

（4）学生进行自我调整：① 根据大学生心理健康的标准，分析自己的心理状态，明确自己心理状态的调整方向；② 3～5 人为一组，针对小组成员的心理状态展开讨论，并提出具体可行的调整措施。

（5）以小组为单位，在校园里开展与心理健康相关的实践活动，并坚持记录小组成员心理状态的变化情况。

心书悦读

《登天的感觉：我在哈佛大学做心理咨询》

【推荐导语】 日常生活中随处可见的心理问题妨碍了我们对幸福的追求。通过阅读本书，你或许能找到一些问题的答案。本书讲述了作者在哈佛大学做心理咨询时所接触的 10 个典型案例，并对每个案例都进行了深入的分析和处理。通过具体实例，作者深入浅出地介绍了心理咨询方面的知识。

心理测试

测试一 你的心理健康吗？

这个测试可以通过《大学生心理健康测试量表》来完成。

《大学生心理健康测试量表》由 40 个测试题目构成。扫一扫下方二维码，进行测试吧！

测试二 你的生活方式健康吗？

这个测试可以通过《学生健康生活方式测试量表》来完成。

《学生健康生活方式测试量表》由 15 个测试题目构成。扫一扫下方二维码，进行测试吧！

大学生心理健康测试量表

学生健康生活方式测试量表

第二章

应环境之变，择人生之路

——大学生环境适应与职业生涯规划

第一节 大学生环境适应与心理健康

经过高中三年的努力拼搏和高考的激烈竞争，学子们跨入了大学校园，进入了一个全新的生活天地。适应新环境是大学新生进入大学后所面临的第一个严峻挑战。与中学相比，大学的生活环境、学习特点、生活方式、人际关系等都发生了很大变化。面对求学、交友、恋爱、学业、就业、自我价值的实现等重大人生课题，大学新生难免感到困惑、迷茫，甚至痛苦。一些大学新生会出现各种心理问题，甚至出现某些异常心理。因此，对于大学新生来说，提高环境适应能力，对顺利完成大学学业、健康成长成才具有重要的意义。

一、大学生环境适应期的心理

面对大学这个全新的环境，大部分大学新生在生活环境、学习方式、人际交往等方面都会有一个适应过程，也会产生不同的心理感受，主要表现为以下几个方面。

（一）失落与茫然——理想与现实的反差

你想象中的大学和现实中的大学

很多大学新生在进入大学前，往往对大学生活抱有很高的期望，认为大学生活快乐而美好、轻松而自由，所以非常憧憬大学生活。但到了大学以后，他们发现现实中的大学生活与想象中的大学生活反差很大，现实中的大学生活不仅有诗情画意，还有学业、人际关系、就业等带来的压力，以及由此产生的烦恼、痛苦和无奈，于是产生了极大的心理落差。

理想与现实的反差可能导致一些大学新生产生失落心理，变得情绪低落、意志消沉，甚至出现厌倦大学生活、自暴自弃等情况。此外，一部分大学新生因对自己的专业不了解或不喜欢，而缺乏学习动机和学习兴趣，对前途感到茫然、困惑。

（二）不安与无助——生活环境的不适应

大多数大学新生离开熟悉的家乡到异地求学，生活环境和生活方式发生了巨大变化。上大学之前，部分大学新生没有住过集体宿舍，日常起居由父母安排。他们习惯了父母的照顾，缺乏必要的生活技能，一时无法适应衣、食、住、行等全靠自己安排的独立生活。此外，由于作息时间、生活习惯、语言等方面的不同，以及宿舍条件与家中环境的巨大反差，一些大学新生不适应集体生活，产生烦躁、痛苦、紧张、不安、焦虑等情绪，甚至还会感到无助。

（三）孤独与压抑——人际关系的不适应

进入大学后，大学生所处的人际环境发生了巨大变化，人际交往范围由原来的相对狭窄变得宽广，人际关系由原来的相对单纯变得复杂。面对不熟悉的教师及生活习惯、性格、爱好、价值观等都有一定差异的新同学，一些大学新生感到很困惑，不知道该如何处理人际关系。

另外，一些大学新生尽管有着强烈的交往愿望，但是或因缺乏经验、技巧而不善交往，或因自卑、性格内向而不敢交往。

以上这些情况均容易导致大学新生的人际关系不和谐，进而使其产生孤独感、压抑感和焦虑心理，严重的还会产生人际交往心理障碍。

（四）焦虑与恐惧——学习的不适应

由于大学的学习环境、课程设置、学习方式等与中学有很大差别，因此，大学新生常常在学习上出现各种不适应的情况。例如，对所学专业不感兴趣，缺乏学习动力，甚至产生厌学心理；不能合理安排学习时间，缺乏独立学习的能力；找不到适合自己的学习方法，学习效率低下；感觉上课没有意思，在课堂上注意力难以集中；等等。

另外，部分大学生热衷于考各种技能证书，如计算机、外语等方面的等级证书，会计、教师等方面的职业资格证书。他们经常处于紧张的备考状态之中，久而久之会精神疲劳，以致学习效率降低，学习成绩下降，进而产生紧张、焦虑、恐惧等负面情绪。

（五）自卑与困惑——自我定位不当

自我定位不当是大学生产生困惑和自卑感的重要因素之一。很多大学新生在中学时成绩优异，常受到老师、同学、家长的夸赞，但是在人才济济的大学里，他们可能只是极普通的一员。在与其他同学的比较中，一些新生的优越感逐渐消失，开始怀疑自己，甚至否定自己，如此容易陷入失落、困惑的旋涡中不能自拔，久而久之就会产生较强烈的自卑感。

二 大学生适应不良的心理调适

（一）正视自我，尽快适应新生活

身处人才济济、高手如云的大学中，大学新生应正确地进行自我评价与定位，学会自我认同，肯定自我价值，发掘自我潜能，树立自信心。同时，要及时调整心态，尽快完成从中学生到大学生的角色转换，顺利度过困惑期，以适应大学的学习和生活。

学会自我管理，培养独立生活能力

（二）学会自我管理，培养独立生活能力

缺乏独立生活的能力是大学新生适应不良的主要原因之一。为了

尽快适应新的环境，大学新生要学会自我管理，培养独立生活的能力。

首先，大学新生要有意识地开始独立生活，可以从生活中的小事做起，尽可能独自处理生活中遇到的各类问题，尝试自己做决定，从而摆脱对父母的过度依赖。

其次，大学新生要科学合理地安排学习时间和休息时间，积极参加各类校园活动，适时地进行体育锻炼，做到劳逸结合。大学生活丰富多彩，除了上课，还有各类讲座、讨论会、学术报告、社团活动等，大学生要合理地安排自己的时间，充分地利用自己的时间。

最后，大学新生要注重培养健康的消费心理，养成良好的消费习惯，做到理性消费、合理消费、健康消费。避免受“超前消费、提前享受”等思想的影响，要发扬勤俭节约的传统美德。

（三）提高人际交往技巧，建立和谐的人际关系

和谐的人际关系对我们的生活、工作、学习有很大的帮助。因此，大学新生要学会与他人交往，正确处理人际关系。

首先，要摆正心态，在与他人交往的过程中做到不卑不亢，充分尊重、信任、关爱、肯定他人，并适时地给予他人帮助。

其次，要掌握与人交往的技巧。学会倾听，并适当地表达自己的见解，做到态度诚恳、措辞文雅；学会换位思考，切忌以自我为中心，克服傲慢和嫉妒心理。

最后，要正确看待来自不同地域和不同家庭的同学在思想观念、价值标准、生活习惯等方面的差异；当与同学产生矛盾和冲突时，要冷静处理，寻求“双赢”的解决方法。

（四）转变学习观念，提高学习能力

首先，大学生要正确认识大学学习与教学的特点，尽快转变学习观念，改变过去过度依赖老师的习惯。要学会自己确定学习目标、制订学习计划及检查学习成果，变被动学习为主动学习，变“要我学”为“我要学”，以尽快适应大学的学习环境。

其次，大学生要从自身实际出发，摸索出适合自己的学习方法，把掌握知识与积极思考结合起来，课内学习与课外学习结合起来，理论学习与社会实践结合起来。

最后，大学生要学会科学管理和支配时间，学会抓住学习的难点和重点，学会利用工具书、图书馆和网络资源等进行学习。

心理小资料

动机强度定律

人们常常认为，学习动机越强，其对学习的推动作用越大。但是，事实却并非完全如此。研究表明，学习动机超过一定强度反而会导致学习效率下降；任何任务或活动都有一个“最佳的动机水平”，活动效率在此水平上最高，如图 2-1 所示。

在最佳水平范围内，效率随动机水平的提高而提高；超过最佳水平，效率反而随动机水平的提高而下降。研究还表明，不同难度的活动所需的动机水平也是不同的。容易或简单的任务，如背英语单词、打字训练，所需要的动机水平要高一点；而困难或复杂的任务，如解高数题，需要的动机水平就要低一点，因为过高的动机水平会导致焦虑，进而降低学习效率。

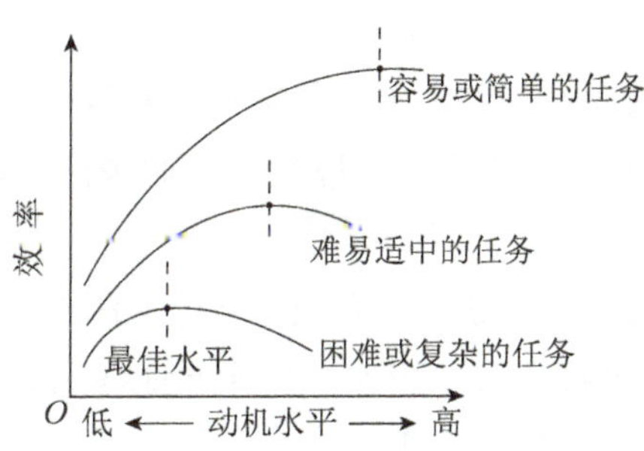

图 2-1　任务难度与动机强度关系图

（资料来源：豆丁网，有改动）

（五）积极参加活动，培养良好的心理素质

对于远离家乡在外求学的大学新生来说，参加丰富多彩的校园活动，既能结交更多志同道合的朋友，增强归属感，减少因远离家乡和亲人而产生的孤独感、寂寞感，又能提高环境适应能力和人际交往能力。而参与社会实践活动，不仅能够丰富体验、锻炼组织协调能力，而且能够提高承受挫折的能力和面对困难的勇气。

第二节　大学生职业生涯规划

职业是人生的基石，是实现人生价值的重要途径。选择职业是人生的一件大事。对于大学生来说，确立人生目标、树立职业理想是大学生活的一项重要任务，大学生在入学之初就应该进行职业生涯规划。

一　职业生涯规划概述

（一）职业生涯规划的概念

职业生涯规划是指个人在对职业生涯的主客观因素进行测定、分析、总结的基础上，对自己的兴趣、爱好、能力、价值观、职业素质等进行综合分析与权衡，设定最适合自己的职业生涯目标，并采取各种积极的行动去实现职业生涯目标的过程。

（二）职业生涯规划的类型

按照时间维度，职业生涯规划可分为短期规划、中期规划、长期规划和人生规划四种类型。

1. 短期规划

短期规划是指1～2年的职业规划，主要是确定近期目标，规划近期要完成的任务。例如，1年内要学习某个领域的专业知识，掌握某项专业技能，取得一个小成就，等等。

2. 中期规划

中期规划是指2～5年的职业规划。人们通常把个人职业规划的重点放在中期规划上，并会根据实际情况随时对其进行调整。例如，从普通业务员做到业务部经理，从做大公司的部门经理转向做小公司的总经理，等等。

3. 长期规划

长期规划是指5～10年的职业规划，主要用来设定较长远的职业生涯目标。例如，30岁时成为一家中型公司的部门经理，40岁时成为一家大型公司的副总经理，等等。

4. 人生规划

人生规划是指整个职业生涯的规划，时间跨度长达40年左右，用来设定整个人生的发展目标。例如，最终成为一家大型企业的董事长或总经理，退休前成为总工程师、总会计师，等等。

（三）职业生涯规划的原则

大学生进行职业生涯规划时，要立足社会需求、所学专业和本人实际情况，遵循以下3条基本原则，有的放矢，避免盲目。

1. 职业生涯规划要与社会需求相适应

社会需求是影响职业生涯规划的重要客观条件，如果自身所掌握的知识与个人的观念、能力不符合社会的要求，则很难被社会接纳。大学生在进行职业生涯规划时，要看清现实社会的发展趋势，特别要厘清所选职业的未来发展趋势，同时还要做到社会需求与个人能力的统一、社会需要与个人愿望的有机结合。

2. 职业生涯规划要与所学专业相匹配

专业匹配是职业生涯规划的基本依据。每个专业都有特定的培养目标、就业方向和领域，大学生在求职过程中如果不能使专业与职业相匹配，势必会付出转换成本，无论是对个人还是对社会而言都是巨大的浪费。

因此，大学生在进行职业生涯规划时一定要了解所学专业，强化专业知识与技能，以专业特色和能力要求为导向，规划自己的学习与职业，力争实现专业与职业的匹配。

3. 职业生涯规划要与自身实际相结合

职业生涯规划强调岗位适应性和人职匹配。大学生在进行职业生涯规划时，要结合自身特点，给自己准确定位，从而扬长避短，充分发挥自己的优势。

二 大学生职业生涯规划的设计与实施

（一）大学生职业生涯规划的设计

大学生职业生涯规划的设计应包含六个基本步骤，即正确评估自己、分析生涯机会、设定职业目标、确定职业路线、明确实施策略和调整职业规划。

1. 正确评估自己

正确评估自己就是对自己进行全面分析，客观地认识自己的气质、性格、兴趣、特长、专业知识、综合能力、潜在能力、智商、情商、思维方式、优势和劣势等。只有客观、清晰地认识自己，才能选择适合自己的职业，并确定自己的职业生涯路线。

怎样进行职业生涯规划

评估自己的过程也是“知己”的过程。弄清楚“我是谁”是进行职业生涯规划的基础和关键。大学生在进行自我评估时，应保持客观，切勿妄自尊大或妄自菲薄。正确的做法如下：在进行自我评估时，既要看到自己的优势，又要看到自己的劣势；既要对某一方面的特殊素质进行具体评估，又要对其他各方面的素质进行综合评估。任何一种片面的、不分主次的自我评估，都不能客观而准确地反映自己的情况。自我评估过高会导致个体意识不到自己的条件限制，从而由自信变为自负，甚至狂妄自大；自我评估过低易使个体忽视自己的长处，从而丧失自信或变得自卑。

此外，大学生在进行自我评估时，应以发展、变化的眼光看待自己，不仅要对自己现阶段的情况做出全面、客观的评估，而且要着眼于未来的发展变化，有预见性地评估自己的发展潜力。

2. 分析生涯机会

分析生涯机会主要是指通过分析社会环境、学校环境、家庭环境、职业环境等，寻找合适的职业发展机会。其中，社会环境包括就业政策、就业形势、经济环境等，学校环境包括办学特色、校风校纪、教师的治学态度、学生的总体素质、社会实践活动的开展情况等，家庭环境包括家庭经济状况、家人期望、家族文化等，职业环境包括职业的社会地位、职业发展方向及从业要求等。

每个人的职业生涯目标和职业发展都必须符合社会大环境的要求。大学生在进行职业生涯规划时必须全面、客观地分析各种环境，认清环境给自己带来的有利条件与不利条件，以便在复杂的环境中趋利避害，寻找到合适的职业发展机会。

3．设定职业目标

在评估自身条件和职业发展机会之后，大学生应当做出职业决策，设立职业目标，即明确自己毕业后进入什么行业、从事什么职业、担任什么职务等。在设定职业目标时，大学生应当以社会需求为客观依据，并综合考虑自己的专业、能力和兴趣爱好等。

在初步确定自己的职业目标之后，大学生可以对目标进行分解，列出职业生涯规划的长期目标、中期目标和短期目标。分解目标既有助于大学生进一步明确行动方向，也有利于各阶段任务的有效实施。

4．确定职业路线

职业路线是指个体所选择的用于实现职业目标的具体发展路线。在职业发展道路中，每个人都有适合自身发展的路线。例如，大学生可以选择不同的行业，在同一行业里可以选择不同的职业，在同一职业中还可以选择不同的职务和岗位。此外，在同一职业发展道路中，通常有行政管理路线和专业技术路线两种路线可供选择。

在职业生涯规划中，大学生必须确定适合自己的职业生涯路线，以便沿着设定的职业生涯路线推进自己的职业发展。大学生在确定职业路线时，可以从志向取向、能力取向和机会取向三个方面进行分析，如图 2-2 所示。

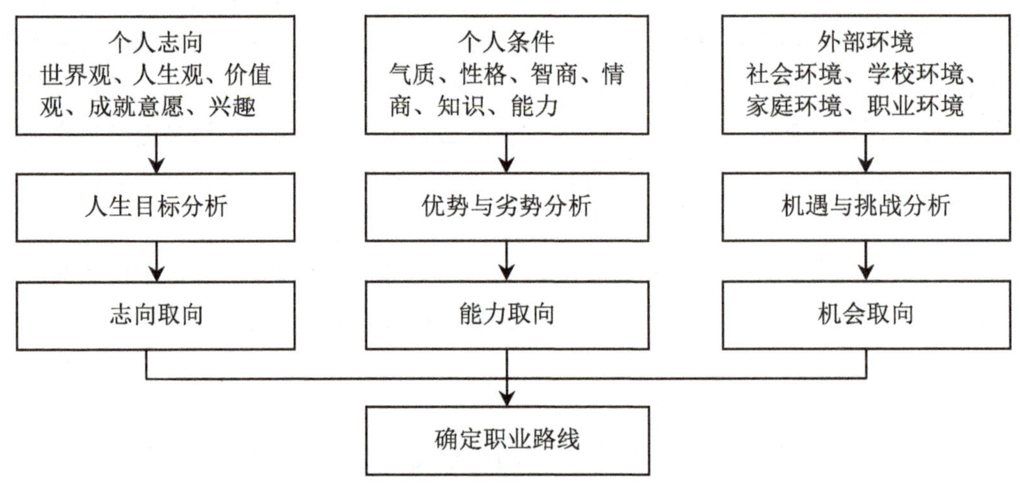

图 2-2 确定职业路线的分析图

5．明确实施策略

“千里之行，始于足下。”职业生涯规划做得再好，如果不落实到行动上，就等于空谈。在大学期间，职业生涯规划的实施策略主要包括学习专业知识、参加社会实践、参与技能培训等。在大学的不同阶段，实施策略有所不同，大学生可以分阶段确定职业生涯规划的实施方案。

6．调整职业规划

在人生的漫漫长路上，由于社会的发展变化和一些不确定因素，个体的职业发展可能会偏离原先职业生涯规划确定的方向。这时，个体应根据实际情况对职业生涯规划进行调整。

职业生涯规划的调整是个体重新认识自己的过程。其内容主要包括以下几个方面：

（1）分析自身条件，即评估自己当下的能力水平、身体状况、家庭状况、经济状况等，重新认识自己，明确自己的优势和劣势。

（2）评估生涯机会，即根据当下的社会环境、经济环境、行业环境、企业环境等，分析自己的职业发展空间，以寻找更好的职业发展机会。

（3）评估职业生涯目标，以判断是否需要重新选择职业。如果一直无法实现之前设定的职业生涯目标，则应考虑修正或调整职业生涯目标，以使其更加符合自己的实际情况。

（4）评估职业生涯路线，以判断是否需要调整发展方向。如果原先设计的职业生涯路线与自身的实际情况不匹配，则应考虑调整职业生涯路线，选择更适合个人职业发展的行动方向。

（5）评估实施策略。根据新的情况、目标和路线，重新制订或调整职业生涯实施策略，以发挥自己的优势，弥补自己的不足。

（6）积极落实新的职业生涯规划方案。在落实的过程中如果发现其不适应新的情况，可以进一步对其进行调整和修正。

（二）大学生在各阶段对职业生涯规划的实施

职业生涯规划的实施是一项连续的、系统的工程。大学生职业生涯规划的实施不能仅在大学毕业时才着手进行，而应贯穿在大学的各个阶段，分阶段、分任务逐步完成。因此，大学生从跨进大学校门开始，就应该用整体的眼光规划自己的整个大学时期，为毕业时成功就业奠定基础。

1．大学一年级——探索阶段职业生涯规划的实施

这一阶段的目标是职业生涯认知和规划，具体的实施方案如下：

（1）要完成由高中生到大学生的角色转换，通过入学教育、专业教育、思想政治课、大学生心理健康教育课、班会等多种渠道，重新确定自己的学习目标。

（2）要开始了解职业和职业生涯的相关知识，尤其要重点了解自己未来所希望从事的职业或与自己所学专业对口的职业，并进行初步的职业生涯设计。

（3）熟悉环境，建立新的人际关系，可通过新老生交流会等多向高年级的学生请教生活、学习等方面的问题，以及本专业的就业情况。

（4）积极参加各种各样的社团活动，提高表达能力、沟通技巧和人际交往能力。

（5）在学习方面，要扎实学好专业基础知识，加强英语、计算机知识的学习，掌握现代职业者应具备的基本技能。

（6）如果有必要，为转系、获得双学位、考研做好资料搜集及课程学习等准备工作。

（7）探索适合自己的学习方法。大学一年级主要是学习基础课程，学习的任务较为繁重，只有找到适合自己的学习方法，才能高效学习。

2．大学二年级——定向阶段职业生涯规划的实施

这一阶段的目标是初步确定毕业去向，并有针对性地培养相应的能力与素质。具体的实施方案如下：

（1）了解自己的需要和兴趣，确定自己的职业方向、动机和抱负。

（2）考虑毕业后的去向（考研、就业或创业）。

（3）通过参加学生会或社团等组织，培养和锻炼自己的领导组织能力、团队协作能力。

（4）可以开始尝试兼职并参加社会实践活动，最好能长期坚持并从事与自己未来职业或本专业相关的工作。这样可以提高自己的责任感、主动性和挫折承受能力，并能积累丰富的职业经验，同时还能检验自己对专业知识与技能的掌握程度。

（5）增强英语口语和计算机应用能力，考取英语和计算机等级证书，并选择性地辅修其他专业来充实自己。

3．大学三年级——成长阶段职业生涯规划的实施

这一阶段的目标是掌握求职技能，为择业做好准备。具体的实施方案如下：

（1）在加强专业知识学习的同时，获取与目标职业有关的职业资格证书或通过相应的职业技能鉴定。

（2）了解就业信息的搜集渠道，向学长、学姐了解往年的求职情况；学习撰写简历、求职信的方法和技巧。

（3）了解所学专业相关的行业和企业的情况；如果准备留学或考研，应先了解留学相关信息和考研学校的信息，然后开始做准备工作；如果准备创业，应主动学习相关的创业课程，通过各种方式寻找创业机会，为创业做好充足的准备。

（4）通过实习，检验职业生涯规划的合理性，并适时调整自己的职业生涯目标。

4．大学四年级——冲刺阶段职业生涯规划的实施

这一阶段的目标是成功就业，具体的实施方案如下：

（1）广泛搜集并深入分析相关行业和企业的信息，再次检验自己的职业选择是否正确。

（2）进行模拟面试训练，强化求职技巧。

（3）积极参加各类招聘活动，向用人单位投递简历，参加用人单位组织的面试等。

总之，于在校期间进行职业生涯规划有助于大学生了解自我、了解社会需求、了解就业市场，培养积极主动的就业精神，养成良好的就业心态，增强就业适应力和竞争力，也为其今后的职业生涯创造了良好的开端。

三 大学生职业生涯规划的心理误区及调适

（一）随波逐流，随机选择

很多大学生对未来感到迷茫，不知道自己具体能做什么，应该做什么，以致陷入走一步算一步的困境，他们做各种决策都选择随大流，而不是根据个人的特质制订职业生涯规划，最终导致无法找到理想的工作，无法最大限度地发挥个人特长与潜能。

“随波逐流，随机选择”心理调适的建议：内外兼修，未雨绸缪。不同的职业有不同的特点，每种职业都要求从业者有一定的特质。因此，大学生在制订职业生涯规划时必须明确每种职业对个人特质的要求，并结合自己各方面的能力充分考虑自己与职业的匹配度，从而制订出符合个人特质的职业生涯规划。在制订好个人的职业生涯规划后，就要行动起来，朝着既定目标一往直前，不断提高自己的就业能力。

（二）朝秦暮楚，频繁跳槽

当前，我国大学生的主要就业形式是“双向选择，自主择业”。近年来，我国高校毕业生规模逐年上升，就业形势日趋严峻。而随着经济的发展，也涌现出越来越多的新行业、新岗位。面对这种情况，很多大学生容易出现比较大的思想波动和浮躁的情绪，表现为朝秦暮楚，频繁跳槽。

“朝秦暮楚，频繁跳槽”心理调适的建议：忠诚专一，竭尽全力。个人对职业选择的专一态度，往往比专业知识和工作经验更为重要。频繁地改变职业选择会破坏个人职业规划的系统性和整体性，不利于个人的职业发展。

（三）好高骛远，急功近利

不少大学生存在自身价值定位和择业期望值过高的现象，只盯着“三大”（大城市、大企业、大机关），片面追求“三高”（高收入、高福利、高地位），而不考虑自身的条件，这不仅限制了自己的就业选择面，还会让自己的职业发展受到阻碍。

“好高骛远，急功近利”心理调适的建议：戒骄戒躁，虚怀若谷。很多职业对个人的能力要求很高，需要个人具备自我管理能力、学习能力、表达能力、创新能力、决策能力、沟通能力、团队合作能力、领导能力等多种能力。尽管大学生受过系统的教育，但没有经过工作的历练，很多职业能力都不具备。这就需要大学生从基层做起、从小事做起，完善自己的知识结构，积累足够多的工作和社会经验，提高自己的综合能力，从而不断提升自己的就业竞争力。因此，大学生在制订职业生涯规划时，要“做最坏的打算，尽最大的努力”，一步一个脚印，扎实前行。

（四）一成不变，按部就班

很多大学生认为制订了职业生涯规划就万事大吉了，今后只需要按部就班地执行就可以了。其实，职业生涯规划同时涉及个人和外部环境，而个人和外部环境都是在不断变化的。例如，大学生的人生观、价值观会随着对社会认识和生命意义理解的加深而改变；又如，随着社会和科技的快速发展，原来所做的职业生涯规划可能不再适合新的社会环境。因此，职业生涯规划不可能一成不变，而是应该随着个体和外部环境的变化而不断调整。

“一成不变，按部就班”心理调适的建议：因时制宜，见机行事。职业发展如同人的生理和心理发展一样，可以分为几个连续的发展阶段，每个阶段都有一定的特征和发展任务，因而职业生涯规划应是一个长期的、系统的工作。在职业生涯规划期间，每隔半年到一年就要停下来回头看，结合当下的实际情况审视自己的职业生涯规划是否需要调整。

心理训练

心理活动

我适合什么职业？

【活动目的】

探索自己未来可能从事的职业。

【活动过程】

（1）请认真阅读人格特质清单（见图 2-3），在符合自己情况的人格特质前的“□”内打“√”，对于缺少的内容可在“其他”处补充。

（2）邀请对你比较熟悉的同学（至少 2 位），让他们根据对你的了解，在符合你的人格特质前的“○”（见图 2-3）内打“√”，对于缺少的内容可在“其他”处补充。

（3）看看自评和他评结果中有多少项是你自己认为没有而别人认为有的人格特质，并进一步确定自己的人格特质。

人格特质清单

在“□”内打“√”代表你认为自己是怎样的人。

在“○”内打“√”代表别人认为你是怎样的人。

□○爱说话的	□○诚实的
□○热情的	□○自信的
□○害羞的	□○有恒心的
□○谦虚的	□○有领导力的
□○精力充沛的	□○谨慎的
□○善于表达的	□○爱干净的
□○幽默的	□○依赖的
□○勤奋的	□○节俭的
□○天真的	□○爱生气的
□○勇敢的	□○好奇的
□○迷糊的	□○喜欢帮助别人的
□○人缘好的	□○其他（________）

图 2-3 人格特质清单

（4）根据自己的人格特质结果，思考下列问题：

① 与我的人格特质相匹配的职业有：____________________。

② 我向往的职业是：____________________。

③ 我向往的这个职业对人格特质的要求是：____________________。

④ 我的人格特质中对从事该职业有助力作用的有：____________________。

⑤ 我的人格特质中对从事该职业可能起阻碍作用的有：____________________。

⑥ 为了我的职业生涯目标，我需要做以下改变：____________________。

心书悦读

《读大学，究竟读什么？》

【推荐导语】 作者以成功的创业者和中国高等教育民间观察者的身份，结合自身求学、求职和创业的经历与思考，全面探讨了与大学生涯相关的 26 个重要话题。此书不但深入、严谨地论述了“读大学，究竟读什么”“职业规划的方法与路径”等话题，而且在每个专题后附有作者本人与读者的通信，对大学生普遍感兴趣却没能在正文中详细阐述的问题一一做了解答。

《你的降落伞是什么颜色？》

【推荐导语】 本书的作者是著名的职业指导大师，是职业规划师的开山鼻祖。他曾改变了很多人看待工作和生活的方式，帮助过很多迷茫的求职者和跳槽者了解自我，掌握求职技巧，最终找到理想的工作。

如何在求职时冲破迷茫和困惑，找到适合自己的职位？如何在跳槽时发现自己的优势，在职场迎来新的转机？如何在生活中客观认识自己，更好地规划自己的人生？你将会在这本书中找到答案。

心理测试

测试一 你的心理适应能力如何？

这个测试可以通过《心理适应能力测试量表》来完成。

《心理适应能力测试量表》由 20 个测试题目构成。扫一扫下方二维码，进行测试吧！

测试二 你有人生规划的潜能吗？

这个测试可以通过《人生规划潜能测试量表》来完成。

《人生规划潜能测试量表》由 8 个测试题目构成。扫一扫下方二维码，进行测试吧！

心理适应能力测试量表

人生规划潜能测试量表

第三章

寻自我真意，怀律己之心

——大学生的自我意识

自我意识概述

自我意识是指个体对自己的身心状态及自己同周围环境关系的认知、体验和评价。它是人的意识发展的高级阶段，是个体关于自我的思想、情感和态度的总和，统领人的整个心理活动和行为。

自我意识的产生和发展

在社会交往过程中，个体的自我意识随着语言和思维的发展而发展。关于自我意识的产生和发展理论有多种，其中比较有代表性的是心理学家埃里克森提出的自我发展渐成说。埃里克森指出，个体自我意识的发展持续一生，要经历 8 个不同的发展阶段，且每个阶段都不可逾越（但时间早晚因人而异），同时每个阶段都存在一种"危机"（或称"矛盾""冲突"），对危机的积极解决有助于自我力量的增强，有利于个体适应环境。埃里克森的自我发展渐成说如表 3-1 所示。

表 3-1 埃里克森的自我发展渐成说

发展阶段	危机	获得的品质
婴儿期（0～1 岁）	基本信任—基本不信任	希望
幼儿期（1～3 岁）	自主—羞怯	意志
学前期（3～6 岁）	主动—内疚	目的
学龄期（6～12 岁）	勤奋—自卑	能力
青春期（12～18 岁）	自我同一—角色混乱	忠诚
成年早期（18～25 岁）	亲密—孤独	爱
成年中期（25～65 岁）	生育感—自我专注	关心
成年晚期（65 岁以上）	自我调整—绝望	智慧

自我意识的结构

自我意识的结构从知、情、意三个方面分析，由自我认知、自我体验和自我控制三个子系统构成。

（一）自我认知

自我认知是主观自我对客观自我的认识与评价，包括自我感觉、自我观察、自我分析、自我评价，以及在此基础上形成的自我观念，主要涉及“我是谁”“我是一个怎么样的人”等问题。其中，自我观念和自我评价是核心部分，集中反映了个体自我认知乃至自我意识的发展水平，也是自我体验和自我控制的前提。

扫一扫

什么是自我意识

心理小资料

约哈里窗口理论

由心理学家约瑟夫和哈里提出的关于自我认知的理论，被称为“约哈里窗口理论”，如图 3-1 所示。他们认为，人对自己的认知是一个不断探索的过程，每个人的自我认知都由以下四个部分构成：

（1）公开的自我。这部分自己了解，别人也了解。

（2）秘密的自我。这部分自己了解，别人不了解。

（3）盲目的自我。这部分别人了解，自己却不了解。

（4）未知的自我。这部分别人不了解，自己也不了解，需要一些契机才能被激发出来。

	别人知道	别人不知道
自己知道	公开的自我	秘密的自我
自己不知道	盲目的自我	未知的自我

图 3-1　约哈里窗口理论

这四个部分在每个人的自我认知中所占的比例是不同的。而且，随着人的成长及生活经历的增加，这四个部分在不断发生着变化，相应地，人的行为也会随之改变。例如，当一个人公开的自我的范围扩大，其生活会变得更真实，无论是在与人交往时还是在独处时，都会感到轻松愉快；当盲目的自我的范围变小，个体对自我的认知会更加清晰，在生活中更容易扬长避短，从而更好地发挥自己的潜力。

（资料来源：豆丁网，有改动）

（二）自我体验

自我体验是伴随自我认知而产生的内心体验，是自我意识在情感上的表现，反映了个体对自己所持的态度，如自尊、自信、自卑等，主要涉及“我是否相信自己”“我是否尊重自己”等问题。自我认知决定自我体验，同时自我体验又会强化自我认知并影响自我控制。

（三）自我控制

自我控制是个体有意识地调整自己的行为活动或对待他人和自己的态度，是自我意识在行为上的表现，主要涉及“我应该做什么”“我如何才能成为那样的人”等问题。自我控制是个体自我教育、自我发展的重要机制，是自我意识能动性的表现。

 三 自我意识的类型

（一）从内容上划分

1. 生理自我

生理自我是个体对自己身体的意识，包括个体对自己的身材、容貌和性别等的认识，以及对生理病痛、温饱饥饿等的感受体验。它使个体把客观事物与自己区分开来，是自我意识的最初形态。

2. 社会自我

社会自我是个体对自身角色的意识，包括个体对自己在客观环境及各种社会关系中的角色、地位、权利、义务、责任等的认识。随着自我意识的发展，个体的社会角色渐渐浮出水面并占据重要位置，与此相应的责任感、义务感、角色感都在不断增长。社会自我主要受他人看法的影响，生命中的重要人物（如父母、老师和好友）对待个体的态度会极大地影响个体社会自我的形成。

3. 心理自我

心理自我是个体对自己的心理活动、个性特征、心理品质的意识，包括对自己的需要、动机、兴趣、爱好、人生观、价值观、情绪、性格、气质、能力等的认识、体验和评价。心理自我是随着社会自我的出现而逐渐形成和发展的。

（二）从自我观念上划分

1. 现实自我

现实自我是个体从自己的角度和标准出发，对自身实际状况的认识，包括自己的生理特点、人格特点、行为特点等。

2. 投射自我

投射自我又称镜中自我，是个体认为的自己在他人心目中的形象及他人对自己形象的看法。如果现实自我与投射自我大体上一致，那么个体就会有良好的自我认同感；反之，个体很可能会出现自我认同混乱，进而导致人格障碍。

3. 理想自我

理想自我是个体想要实现的比较完美的一种自我境界或形象。理想自我对个体的认识、情绪和行为有很大的影响。如果理想自我与现实自我的差距过大，以至于根本无法达到，那么个体就会产生挫败感，久而久之就会形成自卑感。

第二节 大学生自我意识的发展与培养

一 大学生自我意识发展的特点

（一）在自我认知方面，呈现多元化特点

首先，大学生自我认知的角度更加多元。高中阶段，个体的自我意识来自自己的学业成绩。而到了大学阶段，个体无论是生理上还是心理上，都逐渐趋于成熟，能从更多角度来思考问题，自我意识也日趋成熟，对生理自我、心理自我及社会自我有了更多的思考和判断。例如，大学生会思考将来要成为什么样的人，自己喜欢什么样的工作，自己能够从事什么样的工作，等等。带着这些问题，大学生开始更加主动地认识自己，自我意识更加明晰。

其次，大学生自我认知的途径更加多元。自我意识的发展与成熟大多依靠与他人的互动。有别于中小学相对封闭的环境，大学自由的学习和生活环境为大学生拓宽了自我认识的途径。在大学里，大学生博览群书、广交朋友，有机会参加各种社团活动和社会实践活动，这些都极大地促进了大学生自我认知的发展。

（二）在自我评价方面，呈现客观化特点

进入大学后，与同学、朋友的交往使得大学生的社会比较增多，能更多地将自己的能力、特点等与别人做比较，也能更多地通过老师、同学对自己的评价来认识自己，从而使大学生的自我评价逐渐趋于客观。

心灵故事

画廊评画

有一位画家打算把自己的画拿到画廊，请人们点评。第一天，他请人们把画中的败笔之处圈出来，结果，画的每一个角落几乎都被圈了出来。这位画家非常沮丧。这时，他的老师对他说："不要沮丧，明天依然用这幅画，让人们将精彩的部分都圈出来。"第二天，画家照着老师说的去做，结果同前一天一样，画的每个角落也几乎都被圈了出来。

其实，他人对我们的评价也是如此，不同的人对我们的认识和看法是不同的，我们不可能让周围的每一个人都喜欢自己、欣赏自己。因此，每个人都应该在正确对待别人评价的基础上，给自己一个客观的评价。

（资料来源：搜狐网，有改动）

（三）在自我体验方面，呈现情绪化特点

随着自我评价水平的提高，大学生逐渐认清自己的位置和价值，责任感和义务感增强，自我体验更加丰富、深刻。这使得他们越来越重视自我意识在情感上的表现，即更加看重自己对自己的态度。与此同时，丰富、深刻的自我体验使得大学生对外部世界和自己内心世界的某些方面非常敏感，凡涉及"我"及与"我"相关的事物等，都容易引起他们情绪上的反应，变得情绪化。例如，大学生在学习和其他各项活动中喜欢争强好胜，而一旦遭受挫折或失败就会产生内疚、沮丧、委屈或压抑的情绪。

（四）在自我控制方面，呈现中心化特点

在高中阶段，来自教师和家长的监督较多，学生的自我控制较少。而处于大学阶段的学生，基本脱离了教师和家长的监督，他们有着强烈的独立欲望，对自己行为、活动和态度的调控愿望增强，常从自我角度认识、评价事物并采取行动，而容易忽略他人的意见，呈现出以自我为中心的特点。

在大学阶段，绝大多数大学生会根据自己设计的"最佳自我形象"，不断地充实自己，培养必备的能力，发展良好的性格与品德。但是，由于大学生的意志品质发展还不够成熟，有时候行为随意性较大。例如，有的大学生虽然明确了学习目标，制订了学习计划，但经常不按计划执行。

二　大学生自我意识的偏差

当前大学生的主流心态是积极的、健康的，但由于社会环境、家庭环境等的影响，仍有部分大学生在学习、生活和工作中存在着一定的自我意识偏差，这种偏差通常表现在以下几个方面。

（一）自我评价偏高

有些大学生对自己有着不切合实际的高估，他们优越感强，过于自信，自尊心和好胜心过强，在行为上容易表现出对他人责备求全、观察问题易简单化、行动目标过高等。

（二）自我评价偏低

一部分大学生的自我评价偏低，他们有的因高考失利而懊悔，有的因志愿没填好而痛苦，有的因专业不理想而消沉，有的为将来的就业而担忧……这些大学生明显地表现出失望与悲观，导致其学习动机不强，学习盲目性大，学习积极性不高。也有少数大学生本身基础较差，认为自己没有能力学好，进入大学后便不再努力，做一天和尚撞一天钟。

大学生的自我评价偏低主要表现为自我否定、对人际关系敏感、对赞美反应过度、逃避集体、过度防御、矫饰优越等。

（三）自我迷失

有的大学生在丰富的大学生活中迷失了自己，他们不知道自己要成为什么样的人，不知道自己读大学的目的是什么，不知道生活的意义在哪里，不知道该往什么方向走，他们的心中充满了迷茫。这主要是因为他们对自己缺乏正确的认识，易被外界环境所影响，从而盲目做出从众行为。

三　大学生健康自我意识的培养

（一）正确认识自我

1. 通过与他人比较及他人的评价认识自己

扫一扫

如何加强自我意识的培养

“以铜为镜，可以正衣冠；以史为镜，可以知兴替；以人为镜，可以明得失。”他人是一面“镜子”，他人的言行特征可以作为个体对照自己的镜子，他人对我们的评价可以作为个体认识自己的镜子。可见，他人这面“镜子”是个体获得自我观念、了解自我的媒介。大学生要学会用多面“镜子”，即学会观察和分析大多数人对自己的评价，尤其是父母、教师和同学的评价，来客观地认识自己、评价自己。需要注意的是，对他人评价要持有正确的态度，既不能因过高的评价而骄傲自满，也不能因过低的评价而失去信心。

2. 通过行为结果认识自己

通过行为结果来认识自己的能力和品质往往是较为客观的。例如，大学生通过分析自己的学习成绩，可以了解自己的理解能力、记忆力、思维能力的强弱及主观努力的程度等；通过分析自己所参与的各类活动，可以了解自己的兴趣、能力倾向等。因此，大学生要积极参与各类校园活动和社会实践活动，在活动中发现和展示自己的能力与才华，从不同领域、不同层次、不同角度寻找认识自己的机会，从而更全面、更客观地评价自己。

（二）积极悦纳自我

自我悦纳是指对真实的自己持肯定、认可的态度，是自我意识健康发展的关键。一个人只有欣然地接受自我，才能有信心去面对现实自我，才能做到自尊、自爱，注重自我修养。大学生可以从以下几个方面进行自我悦纳。

1. 合理运用社会比较策略

只有正确地与他人比较，才能正确地评价自己，才能避免在比较中产生无谓的烦恼和痛苦，从而悦纳自己。比较什么、怎么比，对个人的自我体验和自我评价非常重要：① 不要单纯比较行为结果，而应将行为的前提条件和结果一并比较；② 不要拿不可变因素相比，而要比较可变因素，并且用比较的结果激励自己，促进自我发展；③ 不要同与自己相差太远的人比较，以免产生盲目的自信或不必要的自卑。

心灵故事

动物学校

有这样一群动物，它们总是羡慕彼此的优点，抱怨自己的缺点。有一天，它们聚在一起，打算成立一所学校，开设奔跑、游泳、飞翔和攀登等课程，希望通过训练都能成为通才。

学校成立后，所有的动物都选修了所有的课程。开学一段时间后，出现了如下情况：小白兔的奔跑课成绩名列前茅，但是一到游泳课就发抖；小鸭子的游泳课成绩优异，飞翔课成绩也差强人意，但奔跑课和攀登课的成绩却惨不忍睹；小麻雀在飞翔方面表现很优秀，但奔跑课成绩不好，而且一到游泳课就精神崩溃；至于小松鼠，固然爬树的本领高人一等，奔跑课的成绩也还不错，却总在飞翔课时翘课。

大家越学越迷惑，越学越痛苦，最终决定：停止盲目学习，好好发挥自己的长处。自此，它们不再抱怨，不再盲目地羡慕其他动物。于是，它们又恢复了往日的活泼和快乐。

（资料来源：百家号，有改动）

2. 创造获得成功体验的机会

成功的体验可以使人消除自卑、树立自信、奋发向上。每个大学生都有不同的优缺点。例如，有的大学生记忆力很好，但语言表达能力一般；有的大学生身高不够理想，但短跑成绩很好。大学的活动丰富多彩，大学生可以有意识地选择参加一些适合自己，并且自己感兴趣、有专长的活动，从而享受成功的体验。

3. 及时调整自我期望值

自我期望是指个人在进行某项工作之前估计自己所能达到的成就。自我期望值与实际成就之间有差距会使人产生“失败”的情绪体验，反之，则会使人产生“成功”的情绪体验。大学生既不应期望过高，使理想脱离现实，也不应期望太低，使理想无法起到激励作用，而是要学会调整期望值，树立合适的理想和目标（包括长期目标和短期目标）。只有把自我期望和自己的实际情况紧密结合起来，才能使期望值符合现状、适合自己的发展，使自己通过努力实现理想，从而认可自己。

4. 理智、乐观地对待自己

理智地对待自己，要求大学生要用全面、发展的眼光来分析自己，平静而理智地看待自己的长处和短处，辩证地看待生活中的矛盾，冷静地对待自己的得与失，既不以虚幻的自我补偿内心的空虚，也不以消极回避的态度漠视自己的实际情况，更不以无休止的怨恨、自责来否定自己，甚至厌恶自己。

乐观地对待自己，要求大学生要培养开朗的性格和乐观的生活态度，在困难面前不低头，认为未来充满希望，知晓道路是曲折的，相信前途是光明的。

（三）有效控制自我

自我控制是个体主动定向改造自我的过程，也是个体对自己态度的具体化过程，同时还是个体健全自我意识和完善自我的根本途径。大学生要想有效控制自我，应做到以下几点。

1. 培养良好的意志力

当一个人有良好的意志力的时候，无论面对诱惑还是挫折，都不会忘记自己的初心。相反，一个意志力薄弱的人，往往难以承受挫折或抵制诱惑。

缺乏意志力的大学生，即使制订了学习目标，但在努力的过程中也会经受不住周围的诱惑，或是克服不了自己的惰性，导致无法实现目标。为此，大学生应努力培养自己的意志力，为实现目标而努力排除干扰、克服困难。

用热爱战胜困难，以坚持磨炼自我

有一种信仰是对运动的不懈坚持，有一种超越是对记录的一次次挑战，有一种憧憬是对未来的无限想象。

2021 年 4 月 21 日，梁志林在重庆某学院的运动会上打破了男子 1 500 米和 5 000 米的纪录。从大一第一次接触长跑，到加入“铁人三项”训练队，再到如今刷新两项校纪录，勇夺桂冠，梁志林入校以来一直在坚持运动。

2019 年 9 月，进入大学校园的梁志林加入了“铁人三项”训练队。“我加入‘铁人三项’训练队是因为热爱运动。起初，队里的日常训练让我有些吃不消，每天有氧跑半小时以上是常态，每周平均两次的高强度训练和游泳课更是让我身心俱疲。”刚进训练队的梁志林在队员中的水平仅仅是中等偏上，并没有很出众。为了提高自己的水平，他每天都坚持训练。

2020 年疫情期间，学校延迟开学，学校的训练按下了暂停键。但梁志林并没有停下来，而是每天在家坚持进行体能训练。

没有什么可以阻挡一位意志坚定的人向前奔跑。“只要认定的事情，绝对不可以轻言放弃。”这是属于梁志林的运动精神。2020 年 3 月至 2021 年 3 月，在长达一年的时间里，梁志林除了完成“铁人三项”的日常训练，还根据自己的体能情况提高了训练强度。

2020 年 11 月，梁志林参加潼南赛区的半程马拉松比赛，取得了 78 分钟的优异成绩。2020 年 12 月，在“铁人三项”训练队 3 000 米测试中，他取得了 9 分 39 秒的好成绩。

“做好自己，把自己所热爱的事情做到极致，并有所收获。”这一直是梁志林对自己的要求。

（资料来源：中国大学生在线，有改动）

2. 培养坚定的自信心

自信是自我意识的一个重要组成部分，属于自我意识的情感形式，是个体对自己认可、肯定、接受和支持的积极感受，也是个体对自身能力有充分估计的一种自我体验。

自信的人相信自己的能力和价值，相信自己追求的目标是正确的，也相信自己有能力去实现目标。培养自信心，大学生可从以下几点做起：① 大胆、积极地表现自己的长处，从小事、容易成功的事做起，通过小的成功来增强自信；② 树立恰当的目标，由近及远，由低到高，逐步实现；③ 坚持每天记录一件成功的、可以增强自信的事；④ 学会积极争取他人的帮助，提高成功的概率；⑤ 淡化失败的体验，从积极的方面总结失败的原因，吸取失败的教训；⑥ 进行自我暗示，在做每一件事情之前，不断告诉自己“我能行”“我能做到”“我能做好”。

心理训练

心理活动

活动一　20个“我是谁”

【活动目的】

强化自我认知，从而更全面地了解自己。

【活动过程】

（1）请以“我……”“我是……”“我喜欢……”“我要……”“我曾……”“我不……”“我可以……”“我想……”等句型写下20个描述自己的句子。尽量选择一些能反映个人特征的语句，避免出现类似“我是一个男生”这样的句子；不用考虑句子语法是否正确，不用考虑遣词造句是否完美，不用考虑句子的重要性排序，按照思考的顺序想到什么就写什么。

（2）将写下的20个句子进行归类：

① 身体状况（你的生理特征，如身高、体形、健康状况等）。

② 情绪状况（你常持有的情绪和情感，如乐观开朗、烦恼沮丧等）。

③ 才智状况（你的智力、能力情况，如聪明、灵活、迟钝、能干等）。

④ 社会关系状况（你与他人的关系及对他人常持有的态度和原则，如乐于助人的、爱交朋友的、坦诚的、虚假的等）。

【活动说明】

对写下的句子进行分类，以便了解自己对自身各方面的关注和了解程度。某一类句子多，说明你对自己这方面关注和了解得多；某一类句子少或没有，说明你对自己这方面关注和了解得少，甚至根本就没关注、不了解。根据最终结果，主动调整并建立健全的自我意识，即能较为全面地关注和了解自己。

活动二　我的长处和短处

【活动目的】

学会接纳自己和欣赏自己，肯定自己是一个独特的人。

【活动过程】

（1）请同学们认真填写表3-2中“我的长处”和“我的短处”这两部分的内容，填写时间为 5 分钟。

表 3-2 我是一个独特的个体

我的长处	我的短处
当我再一次看清楚自己的长处和短处后，我感到	

（2）请大家对照自己所填写的“我的长处”，认真思考一下你所填写的“我的长处”是否太少。如果是，那么，请问一下自己：我是否是一个自我意识比较差的人？我是否是一个对自己的长处视而不见甚至否定的人？

如果你对上述问题的回答是肯定的，那么，接下来你所要做的就是设法发掘自己的长处，努力对自己做出肯定的评价。

（3）将表格中所写的“我的短处”按“无法改变的”和“可以改变的”进行分类，并对可以改变的方面制订具体的改进计划和方法。

（4）在表格中“当我再一次看清楚自己的长处和短处后，我感到”一栏里，写下自己的感悟。

心书悦读

《接纳不完美的自己》

【推荐导语】 本书的作者在 28 岁以前过着无比放纵的生活。原本，她可能因此浪费掉自己年轻的生命，然而，某一天醒来时，她突然产生了改过自新的念头，并认识到“只有自己能够拯救自己”。经由内在力量的转化，她逐步完成了蜕变，并写出其成名作《接纳不完美的自己》。

在这本书中，作者带领读者经历了一段漫长而深刻的心灵之旅，在这个过程中帮助读者认清自己，看到自己所拥有的无限潜能，从而期待达到人人自爱、人人活出真实自我的目的。

心理测试

测试一　你的自我意识如何？

大部分人都无法准确认识自己。通常，我们不是高估了自己，就是低估了自己。《自我意识测试量表》可以帮助你认识到对自己的判断误差。

《自我意识测试量表》由 30 个测试题目构成。扫一扫下方二维码，进行测试吧！

测试二　你自信吗？

这个测试可以通过《罗森伯格自信心测试量表》来完成。

《罗森伯格自信心测试量表》由 10 个测试题目构成。扫一扫下方二维码，进行测试吧！

自我意识测试量表

罗森伯格自信心测试量表

第四章

育健全人格，促协调发展

——大学生的人格塑造

 人格概述

 人格的含义

人格也称个性，是指一个人区别于他人的稳定心理特征，它与每个人的行事风格或行为模式密切相关，由先天因素和后天环境共同塑造而成。现实生活中，有的人活泼开朗，有的人沉静内敛；有人的冲动莽撞，有的人小心谨慎；有的人大公无私，有的人自私自利……这些都是人格差异的表现。

 人格的特征

（一）独特性

由于每个人都有不同的天性（由遗传因素决定），且成长环境、所受教育也各不相同，因而每个人都有独特的心理与行为特征，这就构成了人格的独特性。

然而，人格的独特性并不意味着人与人之间毫无相同之处。在同一社会环境中，大多数人往往会存在共同的特性。因此，人格既具有特定背景下的共性，也具有个体差异性，是共同性与差异性的统一。

（二）稳定性

心理学家雷蒙德·卡特尔指出，人格由多种特质构成，这些特质会使一个人的心理和行为具有稳定的倾向性。

当然，人格具有稳定性并不意味着它在人的一生中是一成不变的。随着个体生理的成熟和生活环境的变化，人格也会产生或多或少的变化。而人格的可变化性表明人格具有可塑性。正是因为人格具有可塑性，才能培养和发展人格。

（三）功能性

人格支配着一个人的生活态度和生活方式，甚至决定一个人的命运。当面对挫折与失败时，坚强者能够坦然面对，勇于挑战；懦弱者会一味逃避，一蹶不振。这就是人格功能性的表现。

（四）统合性

人格是由多种成分构成的一个有机整体，具有内在的一致性，受自我意识的调控。当

一个人的人格结构在各方面彼此和谐统一时，其人格就是健康的，否则就会出现适应困难，甚至出现人格障碍或人格分裂。

 三 人格的结构

人格结构包括需要、动机、兴趣、理想、信念、价值观、能力、气质、性格等成分。其中，气质与性格是人格的重要成分，构成了人们独特的个性心理特征。

（一）气质

1. 气质的内涵

气质就是人们日常生活中所说的脾气或性情，是个体与生俱来的心理活动动力方面的特征，主要表现为心理活动的发生速度、强度、稳定性和指向性等。气质是人格结构中比较稳定的、与遗传因素联系密切的成分，它使人的日常活动带有一定的倾向性，具有浓郁的个人色彩。例如，人们通常会用“急性子”“有耐性”“敏感”“迟钝”“冲动”“文静”等词语来形容一个人的气质。

2. 气质的类型

心理学家对气质进行了多方面的研究，提出了各种气质学说，如阴阳五行说、血型说、激素说、体型说、体液说、高级神经活动类型说等。其中，体液说是最具典型意义的一种学说。

古希腊医生希波克拉底很早就观察到人有不同的气质，他认为人体内的四种体液——血液、黏液、黄胆汁和黑胆汁，与人的气质有着密切的关系。希波克拉底根据人体内这四种体液的不同比例，将人的气质划分为多血质、黏液质、胆汁质和抑郁质四种类型。

- **多血质：**关键词是活泼、好动。多血质的人情绪易外露，也易变化，他们思维灵活、反应迅速、善于交际、适应性强，但注意力容易转移，兴趣容易变换，常受情绪波动的影响，做事往往缺乏持久性。

气质类型

- **黏液质：**关键词是缄默、淡漠、反应缓慢、不爱动。黏液质的人稳重、忍耐力强、沉默寡言、情绪不易外露、注意力集中，但过分谨慎且墨守成规，不善于随机应变，做事缺乏灵活性。
- **胆汁质：**关键词是兴奋、热烈、急躁。胆汁质的人性情直率、反应迅速、精力旺盛，但自制力较差，比较粗心，情绪波动大，容易感情用事，有时会有刚愎自用和鲁莽的表现。
- **抑郁质：**关键词是忧郁、敏感、胆小。抑郁质的人细心、谨慎、情感细腻、情绪体验深刻，能觉察到他人觉察不到的情绪，但性格孤僻、优柔寡断、内心脆弱，在面临危险情境时常感到恐惧。

应注意的是，现实生活中只具有某一气质类型特征的人是少数的，大多数人具有某一种主要气质类型的特征，同时又兼有另一种或两种气质类型的某些特征。

心灵故事

看戏前的插曲

心理学家达维多娃曾做过一个实验：让四个气质不同的人一起去看戏，并故意安排他们迟到，以观察他们的反应。4人抵达戏院时，戏已经开演。按照戏院规定，演出开始后，观众不能擅自入场。检票员建议大家暂时在大厅休息等候，待中场休息时再进去。

胆汁质的人性急，当时就和检票员吵了起来，并不顾阻拦，强行闯了进去；多血质的人机灵，趁着检票员不注意，悄悄溜到了楼上的演播厅；黏液质的人沉稳，做事有耐心，见检票员不让他们入场，便坐下耐心等待，直到中场休息时才进去；抑郁质的人得知不能入场后十分沮丧，再也提不起看戏的兴致，转身回家去了。

（资料来源：豆丁网，有改动）

3. 大学生应如何看待自己的气质特征

（1）气质类型没有绝对的好坏之分。任何一种气质类型既有积极的一面，也有消极的一面。例如，胆汁质学生的热情，既可表现为在学习上有韧性、有独立见解，也可表现为自负、傲慢；多血质学生的灵活，既可表现为聪明好学、肯动脑筋，也可表现为爱耍小聪明，满足于一知半解；黏液质学生的迟缓，既可表现为学习踏实、有条不紊，也可表现为不开窍、反应迟钝；抑郁质学生的多思，既可表现为思想深沉、学习认真，也可表现为疑心重、爱幻想等。

（2）气质不会决定人的社会价值和成就高低。大学生无论属于哪种气质类型，都既有可能成为优秀学生，也有可能成为“后进学生”；将来都既有可能成为对社会有重要贡献的人，也有可能是一事无成者。关键在于自己能否扬长避短，并通过自我修养不断改善自己的气质，以更好地促进自身的发展。

例如，胆汁质的学生应有意识地控制自己的情绪，避免轻易发怒，同时注意培养自己的自制力；多血质的学生应养成扎实、专一、坚持到底的良好作风，增强克服困难的毅力；黏液质的学生在做事前应多思考，有意识地提高做事的灵活性；抑郁质的学生宜多参加集体活动，主动与人交往，提高社交能力。

（二）性格

1. 性格的内涵

性格是指个体对客观现实所持的稳定的态度及与之相适应的习惯化的行为方式，主要体现在个体对自己、他人、事物的态度和所采取的言行上。一个人在生活中接触到形形色色的人、事、物时，会根据自己的认识对他（它）们产生一种稳定的、评价性的心理倾向，如肯定或否定、赞成或反对、满意或不满意等，这就是态度。态度会支配人的行为，有什么样的态度就会表现出什么样的行为，如追求或放弃、接纳或拒绝、保持或改变等。久而久之，逐渐稳定下来的态度和形成习惯的行为方式就构成了一个人独具特色的性格特征。

性格是个体稳定的个性心理特征。这是因为，一方面，性格是在不断发展的社会生活条件、文化教育影响及自身的实践锻炼下，长期塑造而成的。另一方面，这种比较稳定的对现实的态度和行为方式贯穿于人的全部行为活动中，在不同的情境中都会表现出来。例如，一个富有同情心的人，对受伤的动物会抱有同情心，对患有疾病的人也同样会抱有同情心。因此，如果一个人只是偶然地表现出某些特点，不能简单地说其具有该性格特征。

此外，一个人的性格并不是一成不变的。相对于气质来说，性格的可塑性更强，变化更大。例如，一个在父母照顾下的孩子可能表现得很懒惰，但当这个孩子长大离开家庭后可能就会变得勤奋。

心理小知识

性格是在社会生活中逐渐形成的，同时也受个体的生物学因素的影响。有研究表明，脑损伤或脑病变对人的性格有明显影响。

2．性格的特征

性格的特征由态度特征、意志特征、情绪特征和理智特征等方面组成，它们的组合形成了大千世界复杂的性格类型。

（1）性格的态度特征是指人在处理各种社会关系时表现出来的特征，包括：① 对社会、集体和他人的态度的特征；② 对工作和学习的态度的特征；③ 对自己的态度的特征。

（2）性格的意志特征是指人在对自己行为的自觉调节方式、自觉控制水平方面表现出来的特征，包括：① 对行为目的的明确程度的特征；② 对行为的自觉控制水平的特征；③ 在长期工作中表现出来的特征；④ 在紧急或困难的情况下表现出来的特征。

（3）性格的情绪特征是指人存在情绪波动时，在强度、稳定性、持续性和心境方面表现出来的特征。

（4）性格的理智特征是指人认知事物时，在感知、记忆、想象和思维方面表现出来的特征。

心理小资料

性格优势

心理学家塞利格曼和彼得森带领50多名社会科学家将人类历史上出现过的优良品格进行汇总，最后归纳得出24种性格优势。此外，他们还认为，不同的性格优势可以组成更高层次的美德。于是，他们将24种性格优势组合后，得到了6种美德。以下是6种美德和24种性格优势的介绍。

美德之一：智慧

（1）创造力——思维灵活，喜欢并善于运用新颖、富有成效的方式做事。

（2）好奇心——对一切事物充满兴趣，乐于探索与发现。

（3）批判性思维——能通过事实和自己的独立思考进行判断。

（4）好学——能主动学习新知识和新技能。

（5）洞察力——能透过现象看到事物的本质。

美德之二：勇气

（6）勇敢——在威胁、挑战、困难或痛苦面前不畏缩，在有反对意见时依然能够维护正义、坚持真理。

（7）毅力——做事有始有终；面对困难时能坚持不懈，并以积极乐观的心态完成任务。

（8）正直——能坚持正道，不畏强势，不凌弱势，敢作敢为。

（9）热忱——做事有热情、能坚持。

美德之三：仁慈

（10）爱与被爱的能力——能与他人建立亲密关系。

（11）善良——乐于帮助他人、关怀他人。

（12）社交能力——与人交往时，能识别他人的动机和情感，并做出恰当的回应；懂得在不同的社交场合应如何行事。

美德之四：公正

（13）合作——能够与他人协作完成一项任务，对团队忠实，乐于分担。

（14）公平——对所有人都能做到一视同仁，不因个人情感而有所偏倚。

（15）领导力——能带动他人全身心地投入创造价值的过程中。

美德之五：节制

（16）宽恕——宽容大度，不过分计较。

（17）谦逊——谦虚而有礼貌，不认为自己高人一等。

（18）谨慎——做决定时谨慎小心，做事不冲动。

（19）自我调节——能够遵守规定和纪律，能够控制自己的情绪和行为。

美德之六：自我超越

（20）对美和卓越的欣赏——能够欣赏生活中不同领域的美，能够赏识他人的才华。

（21）感激——能对他人的好意或帮助真诚地表达自己的谢意，并将这份感谢牢记心中。

（22）希望——对未来充满希望，相信自己能够创造美好的未来。

（23）幽默——能够看到事物积极的一面，时常给他人带来欢乐。

（24）信仰——对生活的意义和更高的目标拥有坚定的信念，并能将这种信念付诸实践。

（资料来源：搜狐网，有改动）

第二节 人格理论

长久以来，心理学家们都在试图对人格进行说明，许多心理学家从自己研究的角度出发提出了具有代表性的理论。其中，影响比较大的有弗洛伊德的人格结构理论、荣格的人格类型理论、人格五因素模型和艾森克的人格结构理论等。

一 弗洛伊德的人格结构理论

弗洛伊德认为，人格由三个部分构成，即本我、自我和超我。

本我是个体人格结构中最原始的部分，代表生物的本能和欲望，按照“快乐原则”行事，追求直接的、绝对的和立即的满足，不顾及后果。

扫一扫

人格结构理论

自我是个体在与环境接触过程中由本我发展而来的，奉行“现实原则”，在社会所容许的范围内满足本我的需要，管制不被超我所容许的冲动，指导自己的行为，以调节本我和超我的冲突。

超我是个体在社会化的过程中将道德规范、社会要求内化而形成的，是我们通常所说的良心、理性。它对个体的动机、欲望和行为进行管制，诱导自我使之符合社会规范，使个体向理想努力，以形成完善的人格。它遵循“理想原则”行事，凡不符合超我要求的活动将引起良心的不安、内疚，甚至产生罪恶感。

人格结构的三个部分常常处在互相抗衡的状态之中。自我既要想办法满足本我的需

要，又要让自己的行为符合超我的要求及现实的状况，一旦三者之间的关系失衡，就会引起个体心理失调，影响个体人格的发展。

二　荣格的人格类型理论

人格类型理论主要用来描述一类人与另一类人的心理差异，即人格类型的差异。人格类型理论有单一类型理论、对立类型理论和多元类型理论三种。荣格的人格类型理论属于对立类型理论，具体如下。

（一）态度类型

荣格认为，当一个人的兴趣和关注点总是指向外部客体时，就是外倾型人格；当一个人的兴趣和关注点总是指向主体时，就是内倾型人格。

外倾型的人重视外部世界，爱社交、活跃、开朗、自信、兴趣广泛、环境适应力强；内倾型的人重视主观世界，爱思考、善内省、做事谨慎，但孤僻、缺乏自信、害羞、寡言、较难适应环境的变化。外倾型和内倾型是人格的两大态度类型，即个体对特有情境的两种态度或反应方式。

心理学研究表明，内倾型或外倾型与智力水平的高低无关，不能成为一个人事业成败和社会价值大小的决定因素。例如，唐朝诗人李白具有外倾型人格特征，而杜甫则具有内倾型人格特征，但这并没有妨碍他们各自都成为大诗人，正如南宋诗论家严羽在《沧浪诗话》所云："子美不能为太白之飘逸，太白不能为子美之沉郁。"

（二）机能类型

荣格认为，人的心理活动有感觉、思维、情感和直觉四种心理机能。感觉（感官知觉）告诉我们存在某种东西，思维告诉我们它是什么，情感告诉我们它是否令人满意，而直觉则告诉我们它来自何方和去往何处。

按照两种态度类型与四种心理机能的组合，荣格描述了八种性格类型。

- **外倾思维型：**这种类型的人看待事物客观冷静，习惯按固定规则行事，善于思考问题，但固执己见，情感压抑，缺乏鲜明的个性。
- **内倾思维型：**这种类型的人喜欢独来独往，爱幻想，缺乏实际判断力，社会适应性差，情感压抑。
- **外倾情感型：**这种类型的人爱交际，希望寻求与外界的和谐，但思维压抑，情感易外露，多愁善感，外界细小的变化都可能导致其情绪波动。
- **内倾情感型：**这种类型的人感知敏锐，有思想，情感深藏，思维压抑，沉默寡言。
- **外倾感觉型：**这种类型的人寻求享乐，追求刺激，情感浅薄，社会适应性强。

- **内倾感觉型**：这种类型的人常沉浸在自己的主观感觉世界中，对外界淡漠。他们的知觉深受心理状态的影响，往往具有浓厚的艺术气质。
- **外倾直觉型**：这种类型的人常常异想天开，富于创造性，但喜怒无常，爱改变主意，喜欢根据自己的感觉做决定。
- **内倾直觉型**：这种类型的人爱幻想，喜欢做白日梦，虽观点新颖，但脱离实际。

在实际生活中，没有纯粹的内倾型的人或外倾型的人，人们往往会受情境的影响，表现出某种态度。此外，每个人都能同时运用感觉、思维、情感和直觉四种心理机能，只是侧重点不同。

三 人格五因素模型

20 世纪 80 年代以来，心理学家在人格描述模式上达成了比较一致的共识，提出了人格五因素模式（即“OCEAN”模型）。五因素包括开放性（openness）、尽责性（conscientiousness）、外向性（extroversion）、亲和性（agreeableness）和神经质（neuroticism）。

（一）开放性

开放性用来描述一个人的认知风格。如果把开放性体现为好奇心的程度，那么，程度高的人好奇心强，富有想象力和创造力，不拘泥于过去的经验，对新思想持开放态度，对美的事物比较敏感。程度低（即封闭性）的人讲求实际，偏爱常规，比较传统和保守。

（二）尽责性

尽责性用来表示个体控制、管理和调节自身冲动的方式。如果把尽责性体现为责任感的程度，那么，程度高的人可靠，自律性强，工作努力、认真，更容易获得成功，但极端尽责的人会让他人觉得单调、乏味、缺少生气。程度低的人办事马虎、行事冲动、不可靠，一般不会获得很大的成就。

（三）外向性

外向性主要用来评估一个人是内向还是外向，其中，外向代表个体在外界投入的能量。如果把外向性体现为自信心的程度，那么，程度高的人热情、自信、健谈、充满活力、喜欢社交、喜欢运动、喜欢刺激冒险，经常感受到积极的情绪。程度低的人做事谨慎，比较安静，不喜欢与外界过多接触，喜欢独处，但并非性格孤僻。

（四）亲和性

亲和性主要用来表示一个人爱与奉献的能力。如果把亲和性体现为同情心的程度，那么，程度高的人善解人意、对人友好、慷慨大方、乐于助人，相信人性本善，愿意为了别人放弃自己的利益。程度低的人冷漠、自私、以自我为中心、对人抱有敌意，常把自己的

利益置于别人的利益之上。

（五）神经质

神经质主要用来指向体验消极情绪的倾向。如果把神经质体现为敏感的程度，那么，程度高的人更容易体验到诸如愤怒、焦虑、抑郁等消极情绪，他们对外界刺激的反应比一般人强烈，对情绪的调节能力比较差，经常处于一种不良的情绪状态中。此外，他们的思维、决策及有效应对外部压力的能力也比较差。程度低的人虽然比较平静，较少情绪化，但也不会经常有积极的情绪体验。

四 艾森克的人格结构理论

艾森克以内/外倾、神经质与精神质三种人格维度为基础，于 1975 年制定了艾森克人格问卷。他将内/外倾和神经质（稳定和不稳定）作为两个互相垂直的人格维度，绘制成人格结构图，如图 4-1 所示。

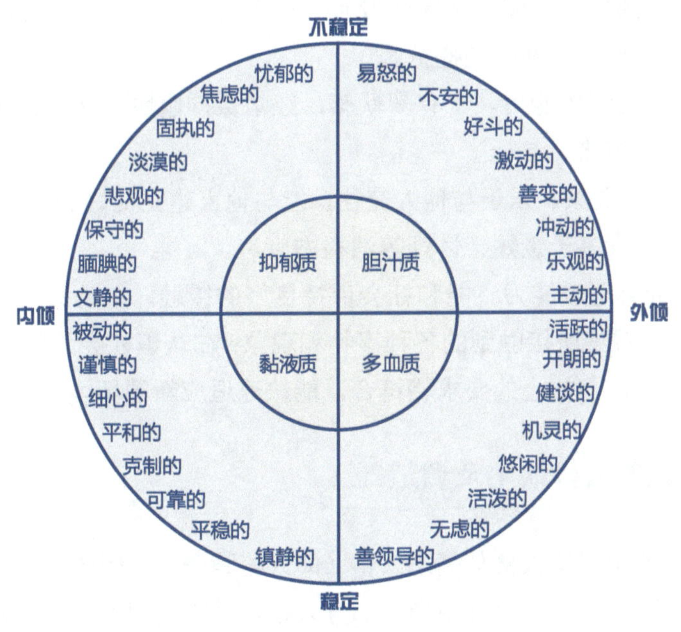

图 4-1 艾森克的人格结构图

艾森克在二维空间组织起 32 种基本人格特质，并对应四种气质类型。从图上不仅可以看出人格的四种类型（稳定外倾型、稳定内倾型、不稳定外倾型和不稳定内倾型）各自所包含的八种人格特质，还可以根据个体人格问卷中某一高分数的特质，查出其所属的人格类型，或从其维度的结合预测某个个体可能会出现的特定的人格问题。

第三节 大学生健全人格的培养

一 健全人格的内涵

从总体上看，人格健全的个体能有效地适应不断变化的社会环境，充分发挥自己的才干，为人类社会做出力所能及的贡献，同时使自己人格的各个方面得到协调发展。具体而言，人格健全的人应具有正确的自我意识、积极向上的生活态度、良好的情绪调控能力、和谐的人际关系和良好的社会适应能力。

（1）正确的自我意识。能够正确地认识自己，客观地评价自己，做到自尊、自信，悦纳自己；能够自我监督，自我调节，自我发展。

（2）积极向上的生活态度。凡事能看到其积极的一面，对未来充满希望和信心；不怨天尤人，能够勇敢地面对并战胜挫折。

（3）良好的情绪调控能力。富有幽默感，经常保持愉快、开朗、乐观的心境；能合理地宣泄，排解消极情绪。

（4）和谐的人际关系。乐于与他人交往，能与他人建立良好的关系；与他人相处时，尊敬、信任等积极态度多于嫉妒、怀疑等消极态度。

（5）良好的社会适应能力。能和社会保持良好的接触，主动关心社会，了解社会，以一种开放的态度，观察所接触到的各种事物和现象；在认识社会的同时，使自己的思想、行为跟上时代的步伐，与社会的要求相符合，能快速适应新的环境。

二 大学生常见的人格缺陷及调适

人格缺陷是指介于健康人格与病态人格（即人格障碍）之间的一种人格状态，表现为人格发展的不良倾向。大学生中有相当一部分人存在着不同程度的人格缺陷，如多疑、懒散、依赖、偏激、狭隘、怯懦、自卑、抑郁、孤僻、冷漠、鲁莽、急躁、骄傲、虚荣等。这里主要介绍常见的几种。

（一）多疑

多疑主要体现在人际交往中，表现为敏感、疑心重、戒心强。有些大学生一方面渴望得到他人的理解和信任，另一方面又因自己对别人不放心、不信任而存在戒备心理。多疑的人对他人的一言一行、一举一动都十分敏感，怀疑其有特定含义，总以为别人在说自己

的坏话，于是经常闷闷不乐、疑神疑鬼，无法与他人建立良好的人际关系。克服多疑心理，可采用如下方法：

（1）建立自信，相信自己能与周围的人和睦相处，会给他人留下好印象，不要总是猜忌别人的想法。

（2）抛弃成见和自我暗示，学会全面、辩证地看问题。

（3）多站在他人的角度和立场看问题，避免出现“草木皆兵”的心态。

（4）加强沟通。猜疑常由误会引起，因此，要开诚布公地沟通，消除疑惑和误会，从而增加彼此之间的信任感。

（5）克制冲动情绪。当怀疑别人时，应尝试找出让自己产生怀疑的原因，不要轻易地将不良情绪表露出来。

（二）懒散

懒散是一种心理上的厌倦情绪，通常表现为不思进取、做事拖拉、得过且过。导致大学生懒散的原因主要是目标不明确、意志不坚定、缺乏自制力和行动力。懒散对大学生的危害主要体现在两个方面：一方面，大大降低大学生学习、生活的效率和质量；另一方面，严重损害大学生的心理健康，使其兴趣减退、情绪低落、意志消沉。克服懒散，可采用如下方法：

（1）充分认识懒散的危害性，下定决心纠正安逸享乐的思想。

（2）确立合适的奋斗目标，合理规划大学生活，提高行为自觉。

（3）加强时间管理，科学安排时间。例如，根据事情的轻重缓急程度、完成任务所需的时间等，科学、合理地安排时间。

（三）依赖

依赖通常表现为个体自理能力差，缺乏主动性和独立性，遇事习惯等待或寻求他人帮助。依赖性强的人感情较为脆弱，每当需要自己做决定或单独做事时，就一筹莫展。克服依赖心理，可采用如下方法：

（1）认识依赖行为的危害，并下定决心克服自己的依赖心理。

（2）从小事做起，如独自一人去参加一项娱乐活动、一周规定一天“自主日”（在这一天，不论做什么事情，都不依赖他人）等，逐渐改变过度依赖他人的坏习惯。

（四）偏激

偏激是一种不良的个性倾向，在认知上表现为看问题片面、极端、绝对化，在情绪上表现为对人对事缺乏理性的态度和客观的标准，在行动上表现为做事急躁冲动、不顾后果。纠正偏激心理，可采用如下方法：

（1）多动脑筋，三思而后行。考虑问题或做决策时要多研究、多论证，从多角度进行思考，防止简单化、片面化、绝对化。

（2）养成抑制冲动的习惯。做出冲动行为后，要反躬自省，思考自己当时为什么会这么做；身处险境时，多提醒自己冒失行事只会带来更大的危险；情绪激动时，告诫自己先冷静下来，想一想冲动行事的后果。

（3）培养理性、严谨、细致的品质，做到勇敢而不鲁莽，谨慎而不懦弱，沉稳而不急躁。

（五）狭隘

狭隘就是人们日常所说的气量小、小心眼。狭隘的人往往固执己见，不愿听取他人的意见，常按照自己固有的思维模式考虑问题。在人际交往中，狭隘的人常常因态度、观点极端而容易伤害他人的感情，同时给自己带来烦闷和苦恼。克服狭隘心理，可采用如下方法：

（1）摆脱以自我为中心的态度和思维模式，多站在他人的角度看问题，设身处地地理解、体会他人的态度、言行。

（2）做一个胸怀宽广的人，学会接纳与自己观点不一致的人和不喜欢的事物。

（3）拓宽自己的知识面。越是知识渊博、阅历丰富的人，就越有能力和修养，越不会固守狭隘的偏见。

（4）学会宽容。学会以宽容的态度对待他人，不仅能获得友谊和支持，还能减少自身不良情绪的产生。

（六）怯懦

怯懦的人害怕面对冲突，害怕伤害他人，害怕丢面子，害怕参加社交活动，担心自己会因言行不当而被人讥笑、讽刺，对需要人际交往的活动或工作总是尽量回避。在处理某个问题时，怯懦的人往往表现为瞻前顾后，左思右想，常常等到下定决心去解决问题时却错过了解决问题的时机。由于害怕，他们总是委曲求全、忍气吞声，以求相安无事。然而，在做出许多退让后，他们往往会产生一种挫败感，导致自我评价过低、自信心下降。怯懦形成的主要原因是自卑心理。克服怯懦心理，可采用如下方法：

（1）从观念上强化自己的权利和尊严。对于所有事情，可以视情况做出适时的、有分寸的忍让和妥协，但不能无限度地退让。当自己的权利受到侵害时，要勇敢地进行有理、有利、有节的抗争。

（2）从行为上改变自己，增强自信心：① 见人不躲避；② 与对方讲话时，挺起胸膛，注视着对方的眼睛，声音洪亮，吐字清晰，不吞吞吐吐；③ 学会适当保持沉默；④ 减少使用过分谦逊的词语，如“我不行”等；⑤ 学会拒绝他人的不合理请求。

三 如何塑造健全人格

（一）加强学习

许多大学生的人格缺陷，如狭隘、自卑、固执、粗鲁等往往源于知识的匮乏，而丰富的知识更容易使人自信、坚强、理智、谦和。因此，大学生应该广泛学习自然科学、社会科学和专业知识，主动提高自己的文化素养，从而促进人格的发展与成熟。

（二）锻炼意志

健全人格的塑造是一个长期而艰难的过程。只有意志坚强的人，才能改正有缺陷的人格，进而形成完善的人格。因此，大学生应通过专门的训练，不断提升自己的意志力。

（三）培养兴趣爱好

某著名哲学家曾说："一个深广的心灵总是把兴趣的领域推广到无数事物上去。"历史上，那些有重大建树的科学家们也并非整天埋在书堆里——老舍爱好打拳、唱戏和养花；苏步青爱好写诗，喜欢音乐、戏曲和舞蹈……可见，丰富多彩的兴趣爱好不仅不会妨碍人们的事业，相反，还可以培养高尚的情操，潜移默化地作用于人们的学习、生活和工作。

对大学生而言，在保证自己的学习和工作完成的前提下，应该发展健康、高尚、有益于知识增进和性格培养的兴趣。例如，可以选择音乐、舞蹈等艺术项目，培养高雅的审美；也可以选择游泳、足球、武术等运动项目，培养勇敢的性格；还可以通过参加棋类、绘画、书法等活动，培养耐心、细致的品质。

（四）正确认识自己

人格中的很多缺陷，如自卑、焦虑、虚荣等，都是因为没有正确认识自己而引起的。在成长过程中，大学生应学会正确认识自己，对自己各方面的素质有一个客观、全面的评价，并在此基础上学会接纳自己，制订符合实际的奋斗目标，努力发挥自己的优势和潜能。而对于自己无法弥补的缺陷，应学会与之和解。

（五）从小事做起，培养良好的习惯

研究证明，良好习惯的形成有助于改变人格的内在品质和结构。因此，大学生应自觉培养良好的习惯，以促进自身健全人格的塑造。

扫一扫

参与社会实践，塑造人格魅力

（六）积极参与集体活动和社会实践

人格发展、塑造的过程是个体社会化的过程，也是个体与他人、集体、社会互相作用的过程。集体和社会既是个体培养、塑造人格的"土壤"，又能帮助个体更清楚地认识自己的人格，从而有助于个体

调整、优化和发展积极的人格品质，改善不良的人格品质。

因此，大学生在学习之余应积极参加集体活动，主动和同学、老师交往，使自己融入集体，在集体中成长；主动参加社会实践，如志愿者活动、勤工助学、假期实习、科研活动等，在社会实践中不断完善自己的人格。

心理训练

心理活动

活动一　价值观大拍卖

【活动目的】

（1）激发自己对价值观的思考。

（2）明确自己对人生的态度。

（3）认识机会的重要性，学会抓住机会，不轻易放弃。

【活动过程】

老师或选一名学生主持拍卖。

给每个学生分配 100 000 元（道具钱），并假设其代表一个人一生的时间和精力。每个人可以根据自己对人生的理解随意竞买以下价值观，每种价值观都没有底价，可随便叫价，最终价高者得。

（1）目的价值观：舒适的生活（富足的生活）、振奋的生活（刺激的、积极的生活）、成就感（事业上有所成就）、美丽的世界（世界上充满艺术美与自然美）、平等（机会均等）、家庭生活幸福（有能力照顾自己所爱的人）、自由（独立、选择不受限制）、幸福（内心满足）、内在和谐（内心没有冲突）、成熟的爱（有爱与被爱的能力）、快乐（生活中经常能体验到幸福感）、自尊（尊重自己，不卑不亢）、社会认可（能得到他人的尊重、赞赏）、真挚的友谊（能与他人建立亲密关系）、睿智（对生活有成熟的理解）。

（2）品质价值观：雄心勃勃（辛勤工作、奋发向上）、心胸开阔（思想坦率、接受力强）、能干（有能力、有效率）、勇敢（坚持自己信仰的勇气）、宽容（能谅解他人）、助人为乐（为他人的福利工作）、正直（真挚、诚实）、富于想象（大胆、有创造性）、独立（自力更生、自给自足）、智慧（有丰富的知识储备、善于思考）、理性（不感情用事）、柔情（温情的、温柔的）、顺从（有责任感、尊重他人）、礼貌（有素质）、负责（可靠的）、自我控制（自律的、约束的）。

【分享讨论】

（1）活动中拍下的最贵的价值观是什么？

（2）你买到的价值观是自己想要的吗？

（3）你是否后悔拍了现在持有的价值观？为什么？

（4）在拍卖的过程中，你的心情如何？

（5）有没有同学什么价值观都没有买？原因是什么？

（6）你是否后悔自己刚才争取的价值观太少？

（7）除上述价值观，还有更值得你追寻的价值观吗？

活动二　优点大轰炸

【活动目的】

发现自身的优点，增强自信。

【活动过程】

（1）将全班同学分成若干小组（10 人一组），每个小组围圈而坐。

（2）各小组成员轮流站到圆圈中间，其他成员依次说出站在中间的成员的一个优点。每个人在描述他人的优点时不能凭空捏造，要有所依据；别人发表意见时，站在中间的人静听即可，不必做任何回应。

（3）每位成员注意体会大家说出自己优点时的感受。

【分享讨论】

（1）别人说出你的优点时，你有何感受？

（2）在大家说出的优点中，是否有一些是你自己以前没有意识到的？这个活动是否加强了你对自身优点、长处的认识？

（3）说出别人的优点时，你有何感受？

心书悦读

《自卑与超越》

【推荐导语】　作者从探寻人生的意义出发，启迪读者去理解真实的生命意义。他告诉我们，理解一个人，就要从他的过去入手，而一个人的生活作风，也往往与他对过去经验的认识和理解一致。作者认为，自卑并不可怕，关键在于怎样认识自己的自卑，怎样克服困难、超越自我。

在《自卑与超越》一书中，关于记忆和梦的探讨，作者也参考了精神分析学派的观点，并提出了自己的意见。针对教育、家庭、婚姻、犯罪等社会性问题，作者也在书中提出了十分有价值的观点。

《遇见未知的自己》

【推荐导语】 本书以故事的形式分享作者多年的心灵成长感悟，以帮助读者从思想、情绪和身体的桎梏中解脱出来，活出自己想要的人生，找回原本真实、快乐的自己。

心理测试

测试 你的性格是外向还是内向？

这个测试可以通过《内向/外向测试量表》来完成。

《内向/外向测试量表》由 60 个测试题目构成。扫一扫下方二维码，进行测试吧！

内向/外向测试量表

第五章

播友善之花，享和谐之果

——大学生的人际交往

第一节 人际交往与人际沟通

一 人际交往概述

（一）人际交往与人际关系

人际交往是指人们运用语言或非语言符号交流信息和沟通情感的过程。在这个过程中建立和发展起来的人与人之间的关系，就是人际关系。在心理学上，人际关系是指人们在各种具体的社会领域中，通过相互的交往建立起来的心理上的联系。它表现为人们相互之间情感联系的紧密或疏远，以及人们相互吸引或排斥的心理状态。

人际交往是一种行为，人际关系是一种状态。人际交往奠定了一切人际关系的基础，同时，人际交往的质和量决定着人际关系的密切程度。

（二）人际交往的功能

人际交往是个体能够适应环境和社会生活，担任一定的社会角色，形成健全人格的基本途径。人是社会性的动物，不能离开群体而单独生存。人际交往也是人们进行思想、情感、态度和信息交流与碰撞的过程。交流思想，想法就会变多；分享快乐，快乐就会加倍；分担忧愁，忧愁就会减半。每个人都是一个独特的生命体，每个人所学习的知识、接触的信息也大不相同，只有善于向其他人学习，才能不断进步。

1. 获取信息和交流思想功能

“独学而无友，则孤陋而寡闻。”人们通过人际交往，可以获取大量的信息和知识，这对每个人的生活、学习、工作和自我发展都至关重要。除了获取信息，人们还能交换思想。某著名剧作家曾说：“如果你有一种思想，我有一种思想，彼此交换，我们每个人就有了两种思想，甚至多于两种的思想。”

2. 自知和知人功能

人们往往是在与别人的交往中慢慢清晰地认识自己的。一方面，人们通过与别人的比较来认识自己，即将人际交往的对象作为衡量自己的“尺子”和照鉴自己的“镜子”；另一方面，人们通过别人的评价和看法来客观、全面地了解自己。同样的，人际交往对我们了解别人也有帮助。人际交往的范围越大、接触的人越多，我们就能了解更多人的品行，识人和知人的经验也就更丰富，从而避免简单化、克服片面性，能更全面、透彻、客观地看待人和事。

3. 社会化功能

社会化是个体通过学习和实践发展自己的社会性的过程，也是个体逐渐适应社会的过程。个体的社会化程度是衡量一个人成熟程度的重要尺度。而个体社会化在很大程度上是通过人际交往实现的，个体通过与他人建立各种各样的关系，逐渐发展和完善自己的个性，并实现自身的价值。

4. 身心保健功能

人作为社会性动物，有着强烈的被爱和被依赖的情感需求。人们总是通过情感交流诉说自己的喜怒哀乐，与他人产生情感共鸣，并获得一种归属感和安全感。人们还常常通过真诚的交往来消解心中的烦恼。在生活中，那些交际范围较广的人，往往精神生活更丰富，身心也更加健康。反之，那些性格孤僻、不合群的人，往往有更多的烦恼难以排解，因而更有可能出现身心健康问题。

（三）影响人际吸引的因素

研究表明，人们之间相互吸引的情感状态，不仅受社会、经济、政治等因素的影响，还受一些社会心理因素的影响。根据社会心理学家的研究得知，影响人际吸引的因素主要包括以下几点。

1. 外表吸引性

良好的外表是人际吸引的基础，这里所说的外表不仅仅指外貌，也包括优雅的举止、得体的装扮、动听的嗓音、甜美的微笑等。通常，人们对他人的第一印象主要来自对方的外表。当然，随着交往的深入，外表吸引力的作用会有所减弱。

良好的外表之所以会吸引人，一方面是因为它会使人感到舒适；另一方面是因为它能产生晕轮效应，使人认为拥有良好外表的人还具备其他一系列较好的品质。

心理小知识

所谓晕轮效应，就是在人际交往中，个体身上表现出的某一方面的特征掩盖了其他方面的特征，从而造成人际认知的障碍。

2. 个性相似性

“物以类聚，人以群分”，个性具有一定相似性的人更容易互相吸引。例如，两个有着相同兴趣爱好的人，容易因为有共同语言而成为朋友。社会心理学家库埃在研究最好朋友的相关问题时指出，大部分人所指的“最好朋友”都是与其地位相当的人。一般来说，他们在教育水平、个人能力、社会价值等方面都很相似。

3. 需求互补性

需求互补性是指双方在交往过程中获得互相满足的心理状态，即两个人通过彼此的交互作用所获得的报偿超过由此带来的损失。当双方的需要及期望形成互补关系时，人际吸引会变得强烈。例如，在学习或工作中，学科成绩互补或工作风格互补的人很容易成为学习搭档或工作搭档，等等。

4. 情感相悦性

情感影响着人的主观意识，人的主观意识在建立人际关系的过程中起着重要作用，所以情感在人际交往中起着基础作用。双方心理上的接近减少了人际交往的摩擦与心理冲突，这种相互之间的赞同与接纳，是彼此建立良好人际关系的条件。

5. 时空接近性

所谓“远亲不如近邻”“近水楼台先得月，向阳花木易为春”。在人际交往中，时空上的接近是人与人之间彼此熟悉、加深了解的一个客观条件。时空上的远近往往表现在两个方面，即居住距离的远近和人与人之间相互交往频率的高低。一般来说，地理位置接近时更容易发生人际交互关系。例如，住宅接近的邻居，一起工作的同事，彼此见面的机会多，自然而然就容易建立起较亲密的人际关系。

心理小资料

接近性心理实验

【实验1】 心理学家费斯廷格对住宅楼的居民进行了调查，最终得出结论：居住距离越近的人，交往的次数越多，关系也越密切。此后，其他心理学家也做过类似的实验研究，结论与此相似。可见，人际交往会提高人们对他人的好感度。因此，时空接近性有助于建立和发展良好的人际关系。

【实验2】 心理学家扎琼克在1968年进行了交往频率与人际吸引的实验研究。他将被试者未见过的12张照片，随机分成6组，每组2张，按以下方式展示给被试者：第一组展示1次，第二组展示2次，第三组展示5次，第四组展示10次，第五组展示25次，第六组不展示且被试者从未看过。在被试者看完全部照片后，实验者再出示全部照片，要求所有被试者按自己喜欢的程度将照片排序。

结果表明，照片展示的次数越多，其被选择排在前面的概率就越大。可见，简单的重现确实会产生吸引力。

（资料来源：豆丁网，有改动）

二 人际沟通

沟通是人与人交往的桥梁。沟通既是一门科学，也是一门艺术。这里，我们将讨论两种关于人际沟通模式的理论，一种是萨提亚在家庭治疗理论中提出的沟通姿态，另一种是

PAC 人格结构理论。

（一）五种沟通姿态

萨提亚被誉为“家庭治疗大师”，她致力于探索人与人之间及人类最深层、最本质的问题，特别是在探索人在家庭中学习到的沟通模式是如何深远地影响人的命运的方面做出了重大贡献。萨提亚认为，良好的沟通一定包含三大要素：自己、他人和情境。

首先，要在乎“自己”，意味着沟通过程中必须要提炼自己所要表达的真实内容，即不是对方想听到什么，而是自己想说什么。如果为了讨好对方而压抑自己的真实想法，那么所建立的良好关系就是虚假的、易碎的。

其次，要在乎“他人”，意味着不要去伤害他人。很多时候人们对于某一问题的争论之所以会演变为吵架，是因为人们开始相互伤害，而伤害必然会引起对抗。因此，良好的沟通一定是让对方在一个愉悦而非对抗的状态下接受你的想法。

最后，要在乎“情境”，意味着要让双方在能产生安全感的环境中进行沟通，这就需要一个私密的空间。尤其是针对个人的隐私问题进行沟通时，情境要素更为重要。

根据萨提亚的理论，人际沟通姿态包括讨好型、指责型、超理智型、打岔型和一致型五种，每种沟通姿态都代表了一类人的生存姿态，因此，也可以把人分为对应的五类。

1．讨好型

讨好型的人擅长关心别人，但是往往忽视自己，其内在的价值感比较低。他们在行为上过于和善，习惯于道歉和乞怜；他们总是为别人着想，对人很体贴，甚至会牺牲自我而成全别人，最终失去自我。讨好型的人最害怕别人不喜欢自己，与别人相处时，他们总是小心翼翼，畏首畏尾。他们会隐藏真实的情绪，往往温和的表情下潜藏着汹涌的情绪。

2．指责型

指责型的人有自己的想法，且十分坚持自己的想法，从而容易忽略别人的建议。他们总是埋怨别人、抱怨生活，以此掩饰内心的焦虑和脆弱。他们习惯于攻击和批判他人，总是把责任推给他人。实际上，这类人的外在表现与其内心截然相反，他们通常缺乏足够的自信心。

3．超理智型

超理智型的人十分理性，做事有效率，习惯就事论事，但很难与人交流内心感受，给人一种冷漠感。超理智型的人往往表现得宠辱不惊，但内心却相当在意外界对自己的评价；他们很敏感，但总是极力克制真实率性的自我，故意营造疏离感。

4．打岔型

打岔型的人思维比较混乱，常常抓不住重点，他们喜欢插嘴，却不直接回答问题或者回答不到点子上。他们内心焦虑，没有归属感，看似对压力满不在乎，其实并不像表现得那般洒脱。他们不敢正视自己的痛苦，喜欢通过自欺来逃避现实。

5. 一致型

一致型的人情感流露和言语一致，内心和谐平衡，自我价值感比较高。他们认可压力的存在，正视自己处于压力之中，能够承担起自己的责任，并为减轻压力而不断努力；他们能够如实地接受并表达自己的情绪和感受，同时能够关注别人，感受并接纳别人的情绪。

心理小知识

萨提亚经过调查发现，普通人中，有50%的人是讨好型；30%的人是指责型；15%的人是超理智型；0.5%的人是打岔型；4.5%的人是一致型。

（二）PAC人格理论

PAC人格理论是由精神分析专家艾瑞克•伯恩提出的，这是一种针对个人的心理治疗与分析方法。他认为，每个人在心理上都有三种状态，即父母状态（parent）、成人状态（adult）、儿童状态（child），这三种状态在每个人身上都交互存在。

"P"状态以权威和优越感为标志，通常表现为统治、训斥、责骂等家长式作风。当一个人的人格结构中"P"成分占优势时，其行为多表现为凭主观印象办事、独断独行、滥用权威。这种人说话时总是用"你应该……""你不能……""你必须……"等句式。

"A"状态表现为注重事实根据和善于进行客观理智的分析。这种人能凭借过去积累的经验预测各种可能性，然后做出决策。当一个人的人格结构中"A"成分占优势时，其行为表现为慎思明辨、尊重他人。这种人说话时总是用"我个人的想法是……"等句式。

"C"状态表现为冲动、服从和任人摆布。他们如婴儿一般，一会儿听话可爱，一会儿乱发脾气。当一个人的人格结构中"C"成分占优势时，其行为表现为遇事畏畏缩缩，易感情用事，喜怒无常。这种人说话时总是用"我猜想……""我不知道……"等句式。

根据PAC人格理论，人与人沟通时的心理状态如果是平行的，如父母—父母，成人—成人，儿童—儿童，对话不会无故中断；如果出现父母—成人、父母—儿童、成人—儿童等交叉的心理状态，沟通就会受到影响，甚至无法进行下去。最理想的沟通模式是成人—成人。

了解人际沟通的基本模式，有助于人们在交往中有意识地觉察自己和对方的心理状态，使沟通更加畅通，最终促进双方关系的稳定发展。

第二节　大学生的人际交往

一　大学生人际交往的特点

（一）迫切性

迫切性是指大学生在人际交往方面的需求极为强烈。大学生的自主意识增强，他们思想活跃，精力充沛，特别希望扩大自己的交际范围，渴望迅速拓展自己的朋友圈。

（二）开放性

开放性主要表现在大学生与异性的交往上。随着生理与心理的成熟，大学生对爱情的关注度不断提高，对校园里的异性交往大多持认同态度，并主动去了解异性、与异性交往。

（三）广泛性

广泛性是对于大学生交往的内容和范围而言的。在人际交往中，大学生除了交流学习、生活外，还常常一起探讨人生理想、大学恋情、成长经历，了解彼此的内心世界，等等。大部分大学生不再持有狭隘的交友观念，转而追求建立更加多样的人际关系。

（四）时代性

时代性主要体现在大学生沟通形式的改变上。随着时代的发展，大学生之间的沟通不再仅局限于信件往来、电话交流或面谈等形式，他们在人际交往中更多地运用现代化的通信工具（如微博、微信、QQ、电子邮件等）进行沟通交流。

（五）平等性

平等性是指大学生在人际交往中处于平等的地位。当代大学生的自我意识较强，他们期待交往的双方彼此尊重、相互接纳。他们认为，在人际交往中，如果一方委曲求全，另一方居高临下，那么双方的交往将难以持续。

（六）理想性

大学生人际交往的动机相对单纯，情感因素占绝大部分。他们在交往中真诚、坦率，注重精神方面的契合，对人际交往有较高的期望值，并将其理想化。但因受现代社会实用主义思潮的影响，大学生人际交往理想化的特点有淡化的趋势。

（七）不稳定性

由于大学生的心理还没有发育成熟，情绪、情感经常处于不稳定状态：当自己的意愿得到满足时，就会欢呼雀跃，情绪高涨；一旦意愿得不到满足，就会垂头丧气，情绪一落千丈。受此影响，大学生的人际交往也具有不稳定性。

 大学生人际交往的原则

（一）平等原则

这里所说的平等主要是指人与人之间的人格平等。平等意味着在交往中，彼此要互相尊重，一视同仁。人际交往的平等原则是尊重他人与尊重自我的统一。

对大学生来说，不论学习成绩如何、家庭背景如何、是否是班干部，在交往时都应平等相待、互重互谅、诚恳待人，切不可自以为是、以权压人、以势压人，否则会影响人际关系的顺利发展。

（二）互利互助原则

在正常的人际交往过程中，人们常常会遵循趋利避害原则，即总是花费一些时间去选择那些能够获得较多报酬、奖励，更有价值的社会交往活动。这里所说的价值不仅仅指经济价值，也包含了社会价值乃至伦理道德价值。

人际交往中的回报有物质上的，也有精神上的，主要包括三个方面：一是物质互利，如互通有无，共同获利；二是精神互利，如心理慰藉，知识互补；三是物质和精神互利，包括交往双方在物质和精神上双重获利，或一方在物质上获利，另一方在精神上获益。只有交往双方都能获得一定的利益，人际交往才会是愉悦的、顺畅的、和谐的、持久的。

（三）信用原则

交往离不开诚信。诚信是指一个人诚实、信守诺言。诚信意味着尊重、重视、真诚、可靠，因此，它是人际交往的重要基础。诚信不仅关乎个人的良好形象，也体现出对他人的尊重，表露出对他人的诚意。古语有云“一言既出，驷马难追”，社会主义核心价值观也呼吁“诚信”“友善”，因此，在人际交往中，一定要做到“言必信，行必果”，一旦许诺就要设法实现。

（四）宽容原则

从心理学上来说，每个人都希望自己被他人接纳，与他人轻松地相处。但是“百人百性”，在人际交往过程中不可避免地会产生误会、摩擦、矛盾、对立，这就需要有一种“化干戈为玉帛”的润滑剂——宽容。

大学生群体个性较强，相互接触又密切，不可避免会产生矛盾。要想化解这些矛盾，

大学生就要在交往中做到心胸宽广、容纳异己、求同存异、互学互补。

三　大学生人际交往心理障碍及其调适

大学生常见的人际关系有同学关系、师生关系等。其中，同学关系是最容易让大学生产生困扰，甚至产生心理障碍的人际关系。一方面，由于年龄、兴趣、奋斗目标等方面的相似性，同学之间最容易产生亲密关系；另一方面，由于个体成长环境、价值观念、地域文化等方面存在差异，再加上互动频繁，同学之间也最容易产生矛盾。

（一）社交恐惧心理及其调适

1．对社交恐惧心理的认识

社交恐惧心理是指大学生在人际交往中受挫之后，为避免再次遭受交往挫折而产生的一种防御心理。其主要表现为：在社交场合中感到害羞、局促不安，害怕去人多的地方，害怕抛头露面。社交恐惧心理通常是由社交失败经验引发的，主要分为以下两种情况。

社交恐惧症

一是直接经验引发社交恐惧心理，即大学生在人际交往中遭受挫折后，内心受到打击并产生一种不愉快的体验，进而出现紧张、恐惧、敏感等情绪反应。俗话说：“一朝被蛇咬，十年怕井绳。”有些大学生一旦受到人际交往方面的打击，就会对今后的人际交往失去信心，在与人交往时会出现明显的恐惧心理，严重者还伴有颤抖、语无伦次等症状。

二是间接经验引发社交恐惧心理，即大学生在看到或听到他人失败的社交经历后，对社交形成负面印象，并联想到自身的社交，进而产生痛苦、紧张、焦虑等情绪体验。

2．对社交恐惧心理的调适

社交恐惧是因不正确的认知和不良情绪体验对个体的负面强化而逐渐形成的。只要对症施治，完全可以得到改善与排解。

（1）调整认知。研究表明，影响个体情绪和行为的并不是客观事件本身，而是个体对自己的认知。因此，大学生要找出导致自己出现社交恐惧的因素，并做出调整。有一名大学生在心理咨询时说道：“最近一个多月以来，我时常感到紧张、恐惧，是因为一个月前我在课堂上回答问题时答错了。”这名大学生的不良心理状态主要是由不正确的认知导致的，因为他认为自己不能犯错，否则就会被别人看不起。要想消除这种紧张、恐惧的心理，首先要从改变错误的认知做起。

（2）改善自身气质中消极的一面。每一种气质类型都有其优势和劣势。大学生可以有针对性地改善自身气质中不利于人际交往的一面。例如，抑郁气质类型的人比较敏感，情感体验深刻，别人的某些正常言行容易被其解读为是别人针对自己的言行。这种体验会让其感到不愉快，甚至紧张不安，最终陷入恐惧心理的困扰之中。因此，抑郁气质类型的人在进行人际交往时，不妨有意识地从积极的角度去解读他人的言行，这样可以避免人际关系变得紧张。

（3）克服完美主义倾向。有社交恐惧心理的人通常存在完美主义倾向，对自己抱有过高的期望。其实，每个人都有缺点，都会犯错，如果总想给别人留下一个完美的印象，而现实又常常不遂人愿，就难免会产生社交恐惧心理。俗话说："金无足赤，人无完人。"在人际交往中，不管是对他人，还是对自己，都无须求全责备。

（4）进行系统脱敏训练。有社交恐惧心理的人在人际交往中通常有退缩表现，其退缩的心理和行为会削弱人际交往的动机和能力。这类人可以通过系统脱敏的方法来逐渐消除自身的社交恐惧心理及其他不良症状。具体做法如下：迫使自己参加人际交往活动，在活动中逐渐消除社交恐惧心理。系统脱敏的过程是痛苦的，因为改变意味着要打破旧习惯、建立新习惯。使用这种方法时，首先要学会放松，其次要不断地给自己信心和勇气。

（二）自卑心理及其调适

1. 对自卑心理的认识

自卑来源于个体对自己的不正确认知和估计。自卑的人往往过分地关注自己的短处，而对自己的长处缺乏足够的认知。有自卑心理的大学生通常有以下表现：缺乏自信，做事畏首畏尾，羞怯，胆小，害怕被人嘲笑或拒绝。

自卑心理产生的一个重要原因就是个体在心理上与他人进行消极对比。每个人都不可避免地存在缺点和不足。面对自身的缺点和不足，不同个体有不同的态度。有的人泰然处之，化自卑为力量，不断提升自己；有的人自惭形秽，内心笼罩着自卑的阴影，学习和工作都会因此受到影响。

2. 对自卑心理的调适

（1）学会客观认识自己。人无完人，每个人都有优点和缺点。有自卑心理的人往往不善于发现自己的优点。这类人要想克服自卑心理，就必须转变看待自己的视角，全面而客观地认识自己，善于发现自己的优点，肯定自己的成绩；既要看到自己尚待完善的方面，又要看到自己已经取得的成绩。只有这样，才能增强自信心，逐渐克服自卑心理。

（2）制订合理的理想目标。现实与理想的差距往往是巨大的，很容易让人自卑、失落、自我否定。克服自卑心理的一种重要方法，就是制订合理的奋斗目标，即在分析自身现实条件和预测自身发展潜力的基础上，本着通过努力能够实现的原则，科学地确立奋斗目标。只有这样，才能在实践中不断取得成功，逐渐增强自信。

（3）改变不合理观念。不合理的观念主要有三个特征，即绝对化、以偏概全和糟糕至极，它总是影响着个体的心理和行为。例如，陈某的学习成绩没有李某好，陈某就会认为自己的一切都不如李某。有自卑心理的大学生应当有意识地纠正自己的不合理观念。当自己某方面不如别人时，可以试着找出自己比别人强的方面，这样可以克服自卑、增强

自信。

（4）进行积极的自我暗示。大学生应多分析自己的有利条件，总结成功的经验，体验成功的快乐，不断提醒和激励自己，使自己在心理上确信自己能够获得成功。长期进行积极的心理暗示，能让个体改变看待自己的视角。

（5）观察自信的人并向其学习。因自卑而产生社交障碍的大学生，可以多观察、学习自信的人的行为方式及表现，并有意识地进行模仿；当感到自卑的时候，就想一想自信的人会有怎样的表现，同时，加强行为方式练习和自信心训练。例如，在与人交往的过程中想逃避时，先放下逃避的念头，然后径直向交往对象走去；讲话时敢于直视对方的眼睛，声音洪亮，不吞吞吐吐；等等。

（三）自负心理及其调适

1．对自负心理的认识

自负的人以自我为中心，他们总是拿放大镜看自己的优点，过分强调自我感受而忽视他人的感受；傲气轻狂，固执己见，唯我独尊，有较强的嫉妒心；看不起周围的人，很少关心他人；居高临下，盛气凌人，不允许别人批评自己。自负心理产生的原因主要包括以下两点：

（1）自我认知错误。如果说自卑者是无限放大自己的缺点，那么自负者就是无限夸大自己的优点。自负者通常只看得到自己的优点，对自己没有客观而全面的认识，也就是人们常说的缺乏自知之明。

（2）自尊心太强。自负者一般都有很强的自尊心。他们在人际交往中遭受挫折时，为了保护自尊心，通常会产生两种截然相反的心理来保护自己：一种是自卑心理，即通过自我隔绝来避免自尊心继续受到伤害；另一种是自负心理，即通过夸大自身优点来获得心理补偿。

2．对自负心理的调适

（1）正确地认识自己，接受他人的批评，进行自我批评。大学生既要了解自身的优点与长处，也要清醒地认识到自己的缺点和不足，以及这些缺点和不足可能给自身发展带来的阻力。另外，还要诚恳地接受他人的批评。俗话说："不识庐山真面目，只缘身在此山中。"个体对于自身的认识是不够全面的，可以通过他人的批评来认识自身存在的不足，并以此为契机进行改进。此外，加强自我批评，勤于自我反思，也是调适自负心理必不可少的措施。

（2）尊重他人，换位思考。要想获得他人的尊重，首先应该尊重他人。要想真正做到尊重他人，就要懂得站在对方的角度思考问题，感同身受，推己及人。自负者往往以自我为中心，喜欢从自己的角度考虑问题，这与尊重他人背道而驰。因此，大学生要想克服自负心理，就应在人际交往活动中多换位思考，学会站在别人的角度考虑问题。

（四）嫉妒心理及其调适

1．对嫉妒心理的认识

嫉妒心理是指个体因他人在某些方面比自己强而产生的一种敌视心理。嫉妒一般发生在社会地位相同或相近、生活或工作关系密切的人际圈子里。当生活在这个人际圈子里的人彼此之间的差距不大时，大家往往会相安无事；一旦这个人际圈子里的某个人境遇有了改善或地位有所提升，平静的生活圈子里就会泛起嫉妒的涟漪。

由于大学生有着相同的地位、相仿的年龄和相似的经历，因此在相处过程中容易产生嫉妒心理。例如，有的人嫉妒别人受欢迎，有的人嫉妒别人学习成绩好，等等。嫉妒心理在所有人身上都有不同程度的体现。但若嫉妒心理极其严重或发展成极端心理，则说明个体的心理处于不健康状态。

2．对嫉妒心理的调适

（1）化嫉妒为动力。嫉妒心理源于个体因他人在某个方面强于自己而产生的不平衡心理。要想打破这种不平衡心理，理性的做法是化嫉妒为前进的动力，依靠自己的聪明才智，通过“堂堂正正做人，扎扎实实做事”来超越对方。这既无损于他人又有益于自己，是一种奋发努力、缩小差距、改善现状、开创未来新局面的积极姿态。

（2）加强自身修养。嫉妒心强的人往往存在一些性格缺陷，如目光短浅、气量狭小、以自我为中心、情绪不稳、易受外界影响等。所以，易产生嫉妒心理的人有必要加强自我修养，完善自身性格，拓宽眼界，提升境界，正确看待别人取得的成绩。

（3）充实自己的生活。某著名哲学家曾说，只有闲人才会产生嫉妒心理，每一个埋头于自己事业的人，是没有工夫去嫉妒别人的。如果大学生能够看到自己的优势和长处，增强自信，并通过努力弥补自己的不足，充实自己的生活，就不会嫉妒他人。例如，小王的同桌口才很好，非常惹人喜爱，而小王在这方面自愧不如，于是他时常提醒自己也有优点（如待人友善等），并下功夫锻炼自己的口才，最终赢得了很多同学的喜爱。这说明，个体在认清自己的长处和不足之后，结合自身的兴趣，不断充实和完善自己，能够有效地克服嫉妒心理。

心灵驿站

被嫉妒者应该认识到嫉妒是一种变相的羡慕，是他人以婉转的方式认可自己的一种现象。所以当被他人嫉妒时，大学生不必愤愤不平，不妨主动找对方谈谈心，诚恳地指出对方的优势和自己的不足，用真诚和友善帮其克服嫉妒心理。同时，可以真诚地向对方介绍自己的成功经验，提供有益的信息及一些具体的帮助。这样，对方会对被嫉妒者多一分了解，也会对其增添一分信任。

（五）猜疑心理及其调适

1．对猜疑心理的认识

猜疑是由错误的认知造成的。爱猜疑的人常常把问题归咎于他人，并从消极的视角看待人际交往，对人际交往多持怀疑态度。他们往往有自己的行事风格，外界的任何风吹草动都能引起他们的猜疑。当迎面而来的同学没有跟他们打招呼时，他们就会猜疑：这个同学是不是对我有什么意见？当某位异性同学多看他们（她们）几眼时，他们（她们）就会自作多情地想：她（他）是不是对我有意思？猜疑产生的原因主要包括以下三种：

（1）思维封闭、固化。猜疑总是从某一个假想目标开始，最后又回到假想目标，就像画一个圆圈一样越画越大。

（2）缺乏信任感。古人说："长相知，才能不相疑。"反之，不相知，必定长相疑。同时，猜疑往往与自信的不足密切相关。一个人越自信，就越容易信任别人；反之，就越容易产生猜疑心理。疑神疑鬼的人，看似在怀疑他人，其实在怀疑自己。有的人自认为在某些方面不如他人就会被他人看不起。

（3）自我防卫意识太强。有些大学生曾经由于轻信他人，在人际交往中受过骗、上过当，蒙受了精神损失，遭遇了感情挫折，于是万念俱灰，走向另一个极端——不再信任任何人，总是猜疑他人的行为与动机。

2．对猜疑心理的调适

猜疑会导致人际交往无法正常进行，因为猜疑者会在人际交往中一味地以自己的方式对待别人，这样会伤害他人感情，破坏人际关系，同时也会使自己处于不良的心态之中。猜疑心理可以从以下几个方面进行调适：

（1）改变认知方法和思维方式。一方面，遇事既不要主观臆断，也不要先入为主，而应告诫自己先观察，仔细分析事实是否真的如此，最后再得出结论；另一方面，要善于用事实检验论断，对照事实反思自己的认知方法和思维方式，并予以矫正。

（2）调控不良情绪。有猜疑心理的人如果感情用事，冲动行事，就容易强化自身的错误认知，从而做出一些不利于人际关系的行为。正确的做法是，在情绪激动时，不妨转移一下注意力，做一些其他的事情，待冷静下来后再进行分析与决断。

（3）培养自信心。自信心源自个体对自己实力的认可，是个体的立身之本和必胜的法宝。自信心的增强有助于个体看到希望，并避免胡乱猜疑。

（4）主动了解他人。猜疑的产生，一方面是由于客观上对他人的不了解，另一方面是由于主观上不愿意了解。所以，大学生要想克服猜疑心理，就应主动与周围的同学、教师和亲朋好友接触，学会在交往中观察、了解他人，对他人做出较为客观、全面的评价。长期坚持这样做，就会发现自己身边的大多数人都拥有各自的优点和缺点，他们都是正直且善良的。

（六）闭锁心理及其调适

1. 对闭锁心理的认识

闭锁心理是指青少年进入青春期后自觉或不自觉地封闭自己的内心，不轻易外露自己的内心想法和情感，甚至把自己与他人隔绝起来的心理现象。有闭锁心理的人不愿意向他人敞开心扉，没有与他人交往的内在愿望，也不相信有人能了解自己，很难与周围的人沟通或往来，从而表现出人际交往障碍。

大学生产生闭锁心理的原因是多方面的，既有性格方面的原因，也有挫折经历、环境的影响，还有家庭与学校教育方式等方面的影响。在和谐融洽的家庭中成长、经常得到父母的关心、接受民主型教育的大学生，产生闭锁心理的概率较小；相反，父母之间的关系紧张、得不到父母的关心、接受专制型教育、被父母管束得太严或被父母溺爱的大学生，产生闭锁心理的概率较大。

与老师关系融洽、与同学亲密无间、朋友较多的大学生，很少产生闭锁心理；相反，与老师关系紧张、情绪对立，缺少朋友的大学生，通常闭锁心理较为严重。性格外向、活泼好动、兴趣广泛、生活圈子较大的大学生，往往没有闭锁心理；相反，性格内向、生活圈子狭窄、生活单调的大学生，往往具有闭锁心理。

2. 对闭锁心理的调适

闭锁心理作为大学生心理发展过程中的一种心理现象，阻碍了大学生与他人的正常交流，对大学生的社会化发展有着消极的影响。因此，克服闭锁心理，对于大学生适应社会有着重要的意义。闭锁心理的调适可从以下几个方面入手：

（1）优化自身性格。有闭锁心理的人往往有内向、固执、我行我素、喜欢独处等性格特点。对此，一方面，可以通过自信心训练来克服闭锁心理；另一方面，可以投身到人际交往实践活动中，体验人际交往的乐趣，锻炼人际交往的能力。久而久之，闭锁心理自然会有所改善。

（2）摆正自己的位置。健康的人际交往是建立在双方平等的基础之上的。大学生在尊重他人的同时自尊自爱，走出自卑或自负的误区，有利于克服闭锁心理。在人际交往中，大学生既要看到自己的优点，也要认识到自己的缺点，摆正自己的位置。

（3）多管齐下，综合矫治。培养对生活的热爱是消除闭锁心理的重要方法。要有意识地去发现生活中美好的事物，感受人间真情，学会热情待人，逐渐敞开自己的心扉。正确认识自我是矫正闭锁心理的突破口。有闭锁心理的人大多对自己有不正确的认识，如有些人自命不凡，将孤僻视为个性，他们需要通过自我反省来正确认识自己。此外，有闭锁心理的人还应多参加集体活动，感受人情的温暖，激发与他人成为朋友的愿望，从而逐步建立起健康和谐的人际关系。

第三节　寝室人际关系

寝室人际关系是大学生人际关系中最普遍、最直接和最重要的一种人际关系。在某高校对近千名大学生进行的一次关于寝室人际关系的问卷调查中显示，60%的大学生认为寝室里有自己不喜欢的人，33%的大学生认为与室友相处不融洽。

一　寝室人际关系中的主要矛盾

（一）随意使用他人物品

大学寝室多为4～8人的公共宿舍，大家生活在一个空间内，难免会把一些日用品（如护肤品、洗衣液、牙膏、洗手液、沐浴液等）、零食等放在拿取方便的地方，室友之间拿错、用错东西的情况时有发生，这无可厚非。但是，有的同学却经常使用他人的物品或吃他人的零食，甚至在对方有意提醒后，会趁对方不注意时继续使用。如此，同学之间就会产生矛盾，从而影响寝室的人际关系。

（二）影响他人休息

不少大学生都喜欢熬夜，即使寝室已经熄灯，但是玩游戏、“煲电话粥”、闲聊、看小说等睡前活动依旧不断，这样会导致习惯早睡的同学无法入眠。长此以往，习惯早睡的同学就会因睡眠不好而影响生活质量和学习效率，从而容易与爱熬夜的同学产生矛盾。

（三）不爱护寝室卫生

寝室是大家共同生活的场所，因此，寝室的卫生应该由大家一起承担，共同爱护。但是，有的同学因不会打扫或不想打扫而从不参与寝室大扫除，甚至连自己区域的生活垃圾也不收拾，从而导致其他同学产生不平衡的心理。此外，有的同学没有良好的卫生习惯，不爱洗脚、洗澡，不爱换洗衣服，不爱收拾床铺，导致寝室里气味难闻，甚至会影响整个寝室的卫生成绩，这会引起其他同学的不满，进而产生矛盾。

（四）生活习惯差异大

一个寝室里的学生可能来自天南海北，由于生活习惯的不同，可能会使彼此感到不适应。如果大家不能很好地磨合、包容彼此，接受彼此不同的生活习惯，就会导致矛盾产生。

二 建立良好寝室关系的策略

（一）与室友统一作息

每一个寝室都应该规定一个统一的作息时间。只有大家协调一致，共同遵守规定的作息时间，才能减少争执，消除摩擦，维持正常的生活秩序。如果寝室里总是有一人睡得很晚，待寝室其他成员都睡了才去洗漱，久而久之，这个人就会引起其他室友的厌烦。

因此，寝室的全体成员应当尽量统一起居时间，减小作息差异。倘若确实有事需要早起或者晚睡，也应尽量降低声响和灯光对其他室友的影响。

（二）平等对待每一个人

在寝室，应当以平等的态度对待每一个人，不要厚此薄彼，和某一个人或某几个人打得火热，而疏远其他人，更不要因为一些小矛盾就孤立某个人。与寝室中的某一个同学关系更为亲密是可以理解的，但不能因此拒绝与其他同学建立友谊。室友是陪伴我们一起度过大学时光的战友，每个人都应该好好珍惜这份难能可贵的感情。

（三）不触犯室友的隐私

首先，每个人都有自己的秘密，也会对别人的隐私充满好奇。对于室友的隐私，我们不要想方设法去刺探。对方把某个领域划为隐私，那么这个领域对其来说就有特殊的意义，任何试图刺探该领域的话题都是不受欢迎的。因此，大学生要学会尊重他人，不去触碰他人的“禁区”。其次，未经室友同意，不可擅自动用其衣物、用品，切莫以为是熟人就忽视了这个问题。最后，同住一个寝室，难免不经意间知道室友的某些隐私，对此我们要守口如瓶。告诉他人不仅是对室友的不尊重，也是不道德的行为。

（四）积极参加寝室活动

寝室的集体活动是室友维系感情的重要方式，每个人都应该积极参与。千万不要把寝室的集体活动当作费财费力的无聊之举，表现出一副不屑为伍的样子，更不要简单回绝而伤了室友的心。如果对活动的形式有其他想法或意见，可以提出来，而不能勉强参与，否则会让室友觉得你在应付了事。

可以说，寝室活动的有无和多少，能从侧面反映一个寝室的团结程度。倘若某个人总是不参加寝室活动，慢慢地就会难以融入集体，变得不合群。

（五）互相帮助，有事求助

良好的人际关系是以互相帮助为前提的。当室友遇到困难时，我们应当主动伸出援助之手；当我们遇到困难时，也要主动向室友求助。要知道，求助并非麻烦别人，有时反而能表明你对别人的信任。设想如果你有事需要请人帮忙，舍近（在身边的室友）而求远（他人），室友会觉得你不信任他（她）。应注意的是，求助室友要讲究分寸，不要使其感到为难，如果对方无法提供帮助，也不要埋怨对方，切忌把别人的帮助当作理所应当。

（六）不拒绝他人的好意和邀请

室友之间分享零食是很正常的事情，千万不要一味地拒绝。如果放假回校后，室友和你分享其从老家带回的特产等，可以欣然接受，之后可以分享自家特产或其他美食作为感谢。如果室友过生日或因其他事情邀请你吃饭，也应大方接受，可通过送对方一个小礼物表达感谢。如果每次都因不好意思而拒绝对方的好意和邀请，久而久之，别人难免会认为你傲慢，从而对你“敬而远之”。

（七）不逞一时口快

“卧谈会”是寝室的重要活动。室友们互说见闻、发表见解是一件很愉快的事，但有时也会因一些小事而发生争执，“卧谈会”就变成了“口舌大战”。

有些人喜欢拿别人开玩笑，占别人便宜，自己不肯吃一点亏；有些人喜欢争辩，试图通过说服对方显示自己的能耐；有些人喜欢唱反调，甚至揭人之短，对他人进行人身攻击。

那些喜欢逞一时口快的人会因为不尊重别人，也得不到别人的尊重；而那些喜欢夸夸其谈，想处处表现得比别人聪明的人，最后也只会引起别人的反感。

（八）完成该做的“杂务”

完成该做的“杂务”不仅指做好自己的事，也包括搞好集体的事。有些人在家懒惰成性，所有的事都由家人打理，住寝室难免恶习毕露：开水从来不打，每天喝别人的；衣物不注重整理，乱扔一气；寝室的公共卫生更是不闻不问，扫地、擦门窗等事都指望室友来完成。这样自私、懒惰和邋遢的人，没有一个集体会欢迎。

因此，寝室里的每个人都必须尽力搞好属于自己的那份“杂务”，不要指望别人来“帮助”你，凡事要养成亲力亲为的好习惯。集体的事要靠集体来完成，任何一个人都不能撒手不管或敷衍了事。

心理训练

心理活动

盲人方阵

【活动目的】

（1）培养沟通意识，提高沟通技巧和决策能力。

（2）理解角色定位及尽职尽责地完成本职工作的重要性。

（3）增强团队协作意识，提高团队协作能力。

【活动过程】

（1）所有成员戴上眼罩后，活动开始。

（2）首先找到位于附近不超过 5 米的绳子，并在 40 分钟内把它围成一个最大的正方形，然后所有人都站在这个正方形的四条边上，确保每条边上的人数分布均匀。

（3）过程中任何人不得摘下眼罩，确认完成后，通知老师，得到准许后才可以摘下眼罩。

【安全要求】

（1）要求地面平整，周围没有障碍物，以保证成员的安全。

（2）戴上眼罩后，要求成员将手放在胸前，不得背手行走；过程中严禁蹲下。

（3）不要猛烈地甩动绳子，以免打到其他成员。

（4）注意脚下，不要被绳子绊倒。

（5）听到停止指令后，不得继续移动。

（6）摘下眼罩时背对阳光，慢慢睁开眼睛。

（7）避免在炎热或恶劣天气下开展此活动。

【分享讨论】

（1）如何进行有效的沟通，避免产生混乱？

（2）你觉得顺利完成这个游戏的关键是什么？

（3）如何让这个正方形更标准？

心书悦读

《别独自用餐》

【推荐导语】 本书的主人翁从当球童起就处处留心，领悟了人际交往和人脉对成功的重要性。他在寻求和接受别人帮助的同时，也热情地帮助别人，由此建立了良好的社交圈，最终成为一个成功的职业经理人。

除了才华和天赋，成功还源于人们和社会中其他人的情感联系。本书告诉读者如何根据自己的个性和特点，建立和提升自己的社交圈，从而实现自己的职业发展。同时，本书就许多具体问题给出了极具操作性的建议，如在一次会议、一次聚餐或一次偶然联系中建立双方关系的方法等。

心理测试

测试一　你有人际关系方面的困扰吗？

这个测试可以通过《学生人际关系测试量表》来完成。

《学生人际关系测试量表》由 36 个测试题目构成。扫一扫下方二维码，进行测试吧！

测试二　你的感恩水平如何？

这个测试可以通过《感恩问卷》来完成。

《感恩问卷》由 10 个测试题目构成。扫一扫下方二维码，进行测试吧！

学生人际关系测试量表

感恩问卷

第六章

展青春风采，享爱情之旅

——大学生的恋爱与性心理

第一节 理解爱情的内涵，做好恋爱准备

一 理解爱情的真谛

爱情是人生的必修课，正确理解爱情的内涵关乎个人的健康成长、家庭的幸福美满及社会的和谐稳定。大学生正处于对爱情充满向往和渴望的年龄阶段，恋爱在大学校园中普遍存在，但是校园中存在一些爱情观念扭曲、恋爱道德滑坡或恋爱行为失范等现象，这直接危害大学生的健康成长和全面发展。如何引导大学生正确理解爱情的内涵，是高校心理健康工作、大学生情感发展和构建和谐社会的现实需要。

（一）爱情的内涵

“衣带渐宽终不悔，为伊消得人憔悴。”古今中外描述爱情的诗词歌赋、戏曲小说比比皆是，爱情是人们热衷的话题和活动。那么，爱情究竟是什么呢？

1. 爱情的定义

白居易在诗词中写道：“在天愿作比翼鸟，在地愿为连理枝。”古往今来描写爱情的名言佳句数不胜数，各学者也从不同的学科视角对爱情做了分析和界定。但何为爱情，迄今没有一个明确的结论。

什么是爱情

从心理学的角度来讲，爱是人类最基本但较为复杂的需要，它包括亲子之爱、男女之爱、友谊之爱等。爱是一种人际关系中的人际吸引，是最高层次、最强烈的人际吸引形式，是身心发展到一定程度的个体对异性产生的有浪漫色彩的高级情感，是个体的生理性、心理性和社会性等诸多因素综合作用的结果。

2. 爱情的特点

爱情的特点决定了它与其他情感形式是不同的，这为大学生树立正确的恋爱观、走出爱情泥淖提供了指导。

1）成熟性

爱情的成熟性是指爱情是在双方生理机能、心理素质、社会性都发展到相对健全和成熟的基础上产生的情感体验。生理机能、心理素质、社会性都未发展成熟的婴幼儿是没有爱情体验的，动物的求偶现象也只是出于本能而非爱情。爱情的成熟性可为当代大学生甄别爱情、处理恋爱与学业的关系等提供有效的尺度。

2）排他性

结合日常经验，把爱情的互爱、持久、纯洁、利他和专一等表现进行分析，可归纳出爱情的一个重要特点——排他性，即“我的眼里只有你”。对爱情至死不渝、忠贞专一是高尚的，而处处留情、朝秦暮楚是卑劣的。

但是，爱情的排他性并不是排斥恋人与其他异性进行正常交往。有些人限制恋人与朋友往来，把恋人当作私有“财产”，无端猜忌和怀疑，而这与真正的爱情是背道而驰的。

3）生理性

爱情是有生理基础的，并不是纯粹的精神依恋。一方面，爱情包含情感基础上的生理接触，生理接触是爱情中不可避免的，合适的人际距离和恰当的身体接触，有助于增进恋人间的愉悦感，并加深双方的情感依恋。另一方面，须强调的是，爱情虽然包含生理基础，但它不是纯粹的生理需求。尤其需要指出的是，性行为是建立在情感的基础上的，是需要一定的条件和时机（如建立婚姻或家庭等）才能产生的，是应符合社会规范的。

（二）爱情的要素

心理学家斯滕伯格认为爱情应该包含亲密、激情和承诺三个要素，这三个要素分别代表了爱情三角形的三个顶点，如图 6-1 所示。三角形面积越大，代表爱情的基础越牢固；三角形形状越偏离正三角形，表明其中一个要素较突显，爱情不均衡。

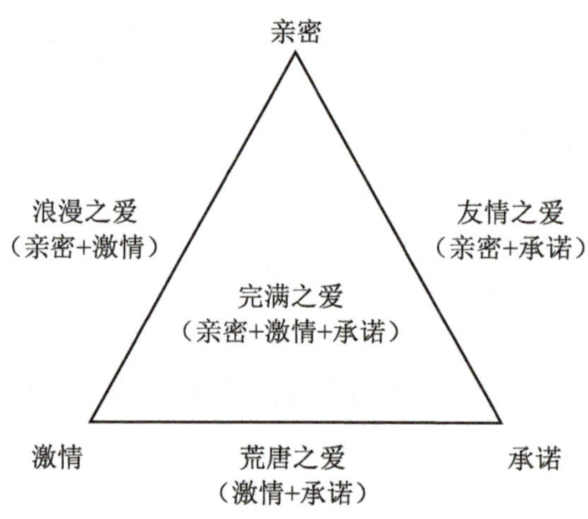

图 6-1　爱情的三角理论

亲密是指彼此依恋，希望照顾和关怀对方，属于情感维度；激情包含浪漫、自尊、支配、害羞、思念、兴奋等成分，属于动机维度；承诺是指双方遵守对彼此的诺言，属于认知维度。当三角形成为正三角形时，便是理想中的完满之爱，这样完满的爱情是每个人都向往和期待的。在现实生活中，亲密、激情和承诺三者合理组合，才会形成较为理想的爱情。

大学生的爱情应该建立在相互倾慕、相互理解、相互尊重、共担责任、不计回报、有共同理想的基础之上，这才是理想爱情。对于大学生而言，理想爱情具体表现为双方心灵相通，彼此包容对方的缺点，理解和尊重对方的选择，共同经营感情并承担其带来的后果，乐于无偿为对方奉献，双方有共同的人生目标并为之努力奋斗。

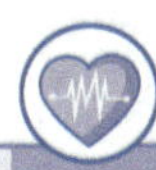

（三）爱情的形式

社会学家约翰·李将爱情分为六种形式，如表 6-1 所示。这六种形式不会相互排斥，有时会几种兼有。

表 6-1 爱情的形式

爱情形式	特 点
情欲爱	人际吸引的外貌因素占上风，尤其注重外表的吸引力，也叫浪漫爱
游戏爱	不把爱情当作严肃的事，而将其视为自己的游戏，虽初衷并不是伤害他人，但最终往往给他人造成伤害
激情爱	对对方有强烈的依赖感和占有欲，非常容易被对方的喜怒哀乐所影响，情绪波动大
现实爱	选择爱情时充分考虑家庭背景、学历、成就等现实因素
友情爱	人际吸引的相似性占重要地位，双方从朋友缓慢发展为恋人
奉献爱	无私付出、不计回报，把让对方快乐和幸福当作自己付出的理由，并乐此不疲

约翰·李阐述的六种爱情形式在当今大学生群体中皆有具体的体现。较多大学生做不到理性对待爱情，情欲爱、游戏爱、激情爱或现实爱的特征表现较为明显。由于大学生的爱情观念不合理、动机不纯洁、方式不恰当、行为不道德、责任感淡漠等，他们的校园爱情多以失败告终，有的甚至酿成悲剧。

（四）爱情观

爱情观即个人对爱情的看法、观点或观念，是在一定社会条件下人们对爱情、婚姻等与爱情相关问题的基本看法、基本观点、基本态度、情感倾向和行为动机的总和。爱情观对人的行为有评价和指导作用。爱情的社会属性及其情感的高级性，决定了恋爱双方必须适应和遵守社会道德规范。大学生要想获得美满的爱情，必须树立正确的恋爱观，严肃对待爱情和婚姻，对自己所爱的人负责。

（五）大学生恋爱的特点

我国高校对大学生恋爱持“不赞成，不反对”的态度。近年来，校园恋情逐渐由“猫和老鼠”式转变为公开化，一双双年轻的手以爱情的名义牵到了一起，爱情成为大学生社会化的重要经历。

1. 恋爱现象普遍化

由于身心机能的逐渐成熟、自主意识的不断增强，以及学校、家庭的管教较为宽松，大学生对校园恋爱表现得较为积极，大学生恋爱呈现人数多、比例高、低龄化的特点。“有没有男（女）朋友？”成为很多亲朋好友追问的话题，一些大学生甚至为“大家都在恋爱，就我一人单身”而黯然神伤，大学生恋爱现象日益普遍化。

2．恋爱动机多元化

爱情的本义在于双方的相互吸引，以及为实现愿景而共同努力。在大学生群体中不乏理性恋爱的人，但很少有大学生会认真思考即将到来或正在进行的爱情的未来或结果。很多大学生将爱情当作人生中的一段重要经历，他们重视恋爱过程的享受而轻视其发展方向和结果。

有人将大学生恋爱动机归纳为为爱而恋型、排除寂寞型、从众攀比型、注重实际型和积累经验型等，以上每种恋爱类型都有相当多的支持者、“践行者”，有的甚至将恋爱作为物质交换的工具。社会因素的作用、大学生自控能力的不足、学业的压力等，使得大学生的恋情变得短、平、快，已经在很大程度上失去了爱情的本来面貌，成为大学生排遣寂寞、寻求刺激的一种方式。

3．恋爱责任意识不强

由于恋爱动机的不纯洁性及身心发展的特殊性，许多大学生爱情观不成熟、恋爱责任意识差、道德意识薄弱。许多大学对校园恋爱持默许态度，认为只要恋爱当事人言行不影响其正常学习、生活就行。很多大学生把恋爱看作是自己的私事，只考虑自己的感受而完全忽略了对伴侣的责任及对社会规范的尊重。有的大学生甚至有意无意地将校园恋爱当作自己排遣孤独或锻炼人际交往能力的途径。尤其是在双方交往受挫或感情出现问题时，这种观念不成熟、责任和道德意识薄弱的表现，会给恋爱双方带来沉重的心理压力，甚至造成严重的后果。

4．恋爱认知不合理

现实中，大学生的恋爱常常是“跟着感觉走”，导致误把其他情感当爱情、性观念开放、将爱情与婚姻割裂、爱情功利取向、沟通能力欠缺、不当性行为等问题频频出现，这都是大学生恋爱认知不合理的体现。大学生恋爱的随意性、开放性日益凸显，对恋爱过程中的言行、对恋爱对象的态度、对感情问题和交往挫折等，都缺乏科学的认识和恰当的应对。恋爱双方在公共场合的拥抱、接吻等行为呈现出随意化，这些不顾忌场合、地点的亲密行为，甚至影响了他人的正常生活或学习。

二 培养爱的能力

爱的能力是指个体与其他个体建立紧密关系的心理条件，包括甄别爱、表达爱、拒绝爱、维护爱的能力。

（一）甄别爱

1．甄别友情和爱情

友情与爱情在感情支柱、地位、体系、基础和心境等方面都有着明显的区别，友情是建立在理解、平等、开放、信赖和充足感等基础上的，而爱情是立足于双方的感情及双方

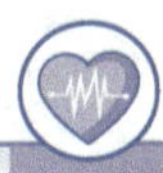

追求一体化和充满欠缺感的感受。爱情除情感萌动外，还需要双方对彼此有深入的了解，以及理想、志趣等高度一致。

大学生需要明白：爱情不是喜欢的特殊形式，爱情与喜欢是两种截然不同的情感；崇拜也不是爱情，崇拜需要创造一个偶像，而爱情是真真切切的，不需要偶像；朋友之间互相倾吐苦闷、困惑，使自己得到解脱，这种互相帮助的情感也不是爱情。

2. 甄别健康的爱情和不健康的爱情

大学生在恋爱之初就应培养甄别爱的能力，避免把爱情与其他情感混淆而使自己陷入困境，尤其要抛弃那些因动机不纯、目的不明确而建立的不健康的爱情。只有在明确鉴别爱情的基础上，才能把握自己的情感取向，正确地处理交往过程中的各种关系，使爱情朝着健康的方向发展。健康的爱情和不健康的爱情的区别如表 6-2 所示。

表 6-2　健康的爱情与不健康的爱情

健康的爱情	不健康的爱情
◆ 不过分痴情，不咄咄逼人，不显示占有欲，能充分尊重对方 ◆ 给予比单纯索取更能使自己感到欢欣，把对方的幸福作为自己的愿望 ◆ 是彼此独立个性的结合	◆ 过高评价对方，将对方的人格理想化 ◆ 过于痴情，常表现出病态的爱意 ◆ 具有强烈的占有欲，对对方缺乏体贴和怜爱 ◆ 偏重对外表的追求

（二）表达爱

爱要怎样说出口？很多大学生因单恋而苦恼，他们没有勇气或不懂如何表达爱意。通常，大学生向异性表达爱意前，需要先思考以下几个问题：

——你想表达你的爱意吗？

——你有足够的勇气和信心去表达你的爱意吗？

——你能用恰当的语言和方式来表达爱意吗？

——你在表达爱意时会有幸福感吗？

——你做好表达爱意的各种准备了吗？

此外，表达爱意前还需要明确以下几个问题：

——你心仪的他（她）有女（男）朋友了吗？

——你确实很喜欢他（她）吗？

——你认为表白的时机已经成熟了吗？

——你有多少把握能表白成功？

——万一表白不成功，你打算怎么办？

（三）拒绝爱

大学生对不想接受的爱说“不”，需要很大的勇气，同时也需要使用恰当的方式。拒绝爱既不能伤害对方，也不能勉强或欺骗自己。无论是接受爱，还是拒绝爱，都要直截了当地回答，且态度要坚决。不少大学生在面对他人的示爱时优柔寡断，既怕伤害对方，又怕对方误会，最终造成双方的误解甚至伤害。

拒绝爱的一个重要原则就是让对方感受到你只是拒绝了一份不合适的爱，而不是在否定他（她）的人品、能力或价值。此外，在拒绝他人的时候，要选择适当的时机和恰当的表达方式。在坚守自身原则的同时，也要顾及对方的感受，要明确、巧妙、委婉地表达拒绝的态度，避免伤害对方的自尊心。

（四）维护爱

爱情需要包容、理解、体谅，要用建设性的方式去解决爱情中的冲突。爱情是一份责任和奉献。维护爱的能力是一种综合能力，需要做到平等、独立、尊重、信任和妥协。大学生要树立正确的爱情责任观、价值观和道德观，培养无私奉献的意识及善于处理矛盾的能力，只有这样，才能有效化解和消除恋爱中的矛盾和纠纷，拥有幸福美满的爱情。

三 走出爱情的沼泽

当爱情降临时，我们要勇敢张开双臂，去甄别它、维护它；当爱情陷入沼泽时，我们要坦然面对，积极处理。

（一）不合理的恋爱及心理调适

1. 恋爱错觉、单恋

“山有木兮木有枝，心悦君兮君不知。”恋爱错觉是指在交往过程中，一方主观认为对方对自己“有意思”，或把双方正常的交往当作爱情的体验。单恋是指个体的倾慕情感不为对方所知或所接受而造成的一厢情愿或对恋爱的渴望，俗称单相思。

恋爱错觉与单恋多出现在性格内向、敏感、富于幻想、自卑的大学生身上。恋爱错觉与单恋一般分为羞怯型、执拗型和幻想型，具有主观错觉和幻想憧憬的特点。恋爱错觉与单恋若未能及时调适，会给大学生带来较大的精神压力。

一般来说，恋爱错觉与单恋往往源于大学生的爱情认知偏差。产生恋爱错觉的大学生，应明确爱情与喜欢、友情等是有区别的，可以冷静下来仔细想想“我的情感是不是真正的爱情？”当你感受到恋爱错觉对象的“情意”时，不妨暂且放下自己的“良好感觉”，多问几个为什么，冷静思考并分析，避免被自己的感觉所迷惑。有单恋困扰的大学生，可以尝试列一列单恋对象的“缺点”、自己与单恋对象的可能性和匹配度等，以打破自己的单恋“魔咒”。此外，因单恋或恋爱错觉而感到困惑或痛苦时，可以向老师、家长或知心朋

友倾吐，并听听他们的意见或建议，或许可以排解心中的苦闷，豁然开朗。

2. 多角恋

多角恋是指一方与两个或两个以上的异性发展、建立或保持恋爱关系。从爱情的排他性来看，多角恋并非真正的爱情。多角恋是产生爱情纠纷或人际冲突的重要原因，一旦失控就会给他人或社会带来较严重的后果。大学生中发生的“多角恋”多是因为当事人对爱情的内涵和责任认识不足。

大学生多角恋的自我调适策略如下：① 鉴别。爱情具有排他性特点——我的爱，是否为真爱？② 思考。我的爱，是否遵从了正确的爱情责任观、价值观和道德观？③ 抉择。不伤害他人，不伤害自己，当断则断。④ 转移。将主要精力转移到学习、兴趣爱好上。

3. 恋爱至上

恋爱至上是指个体将恋爱作为自身最重要的目标并为之投入极大的精力。在恋爱至上者看来，爱情是至高无上的，是生活的全部。为了恋爱，他们不顾亲情、不顾学业，甚至不顾一切。因此，当爱情突然消失的时候，他们会觉得生活中的一切都随着爱情消失了，亲情、友情、金钱、时间、工作、理想都可有可无了。恋爱至上是一种较为偏执的认知状态，一旦出现意外，会给当事人造成严重的心理困扰。在大学生群体中，恋爱至上具体体现为一切以恋爱对象的喜怒哀乐或恋爱双方的“二人世界”为中心，减少或完全脱离与恋爱无关的人或事的联系，如逃课、不与其他人打交道或不参加集体活动等。

恋爱至上心理的调适可从以下几个方面着手：第一，正确理解爱情的真谛，认识爱情中的责任成分、情感成分和道德成分。第二，增强对学习学业的兴趣，将主要精力和生活重心逐渐向学习和兴趣爱好上转移。第三，理性看待恋爱关系，尤其是恰当处理恋爱中出现的交往挫折和感情问题，避免人际冲突或不良后果的产生。

4. 网恋

网恋是指男女双方的恋爱以互联网为载体，在网络平台相识、相知、建立恋爱关系，并依赖网络平台进行交流的恋爱现象。与现实恋爱相比，网恋具有浪漫性、虚拟性、隐蔽性、无限制性等特点，这使得大学生在网络上去个性化的程度迅速提高，爱情的“成本”大大降低，同时，网恋双方对爱情的责任感、价值观和道德感也急剧降低。

大学生网恋的危害主要体现在以下几个方面：一是沉迷网络，扰乱了正常的学习和生活；二是逐渐与现实脱节，造成现实适应障碍；三是接受不了虚拟与现实的落差，产生心理困扰，甚至导致人格障碍；四是“网恋”会对大学生的人身和财产安全造成威胁。

大学生网恋不良心理的调适可从以下几个方面着手：① 正确理解爱情，充分认识网恋的弊端；② 培养广泛的兴趣爱好，将主要精力转移到学习和有益的文体活动上；③ 积极与老师、同学或家长互动，寻求现实的情感支持等。

（二）失恋及心理调适

1. 失恋的含义

失恋是恋爱中出现的较为严重的挫折，表现为双方恋爱关系的中断，亲密感、依赖感等的消失。失恋一般会使个体产生悲伤、痛苦、愤怒、失望等情绪情感体验，严重时会产生强烈的报复心、自卑感，甚至迁怒于他人，有时甚至导致心理障碍或性格障碍。

由于身心发展的特殊性，部分大学生往往不能有效处理失恋导致的心理问题，会表现出情绪低落、进取心减退或消失、痛苦、绝望等，甚至出现自残或伤害他人的极端行为。

2. 失恋的心理调适

大学生要认识到，失恋只是爱情的丧失，并不是全部生活的丧失，更不是生命的丧失。摆脱失恋的痛苦，最重要的是提高自己的心理承受力，增强心理适应性，学会自我调节，从而达到新的心理平衡。具体可采用以下几种方式进行调适。

1）合理宣泄

大学生遭受失恋的打击，被各种不良情绪困扰时，可以找老师、父母或可靠的朋友一吐为快，以缓解不良情绪。此外，还可以写书信或日记等，把自己的痛苦和郁闷通过文字发泄出来。

2）转移注意

转移注意的方式具体包括：及时且适当地把情感转移到其他人、事或物上；积极参加各种文体活动，舒展身心、陶冶性情；加强对学习或兴趣爱好的投入，每天尝试一些新的东西。

3）冷静思考

冷静思考和理智分析失恋的原因，以客观的态度看待双方的差距，以平和的心态接受恋爱终止的现实；坚决抑制和纠正消极心态和极端心理，做到“既不伤害他人，也不伤害自己”。

4）树立目标

用理智的“我”来提醒、暗示和战胜感性的“我”。不妨想想，爱情是以互爱为前提的，不可因一厢情愿而强求，应尊重对方选择的权利。失恋固然是失去了一次机会，但也给了自己重新选择的机会。要学会分析自己的优势，鼓足勇气迎接新的生活，全身心投入到新的学习和工作中去。

第二节　大学生性心理及其调适

一　大学生的性心理

性的内涵包括生理、心理和社会文化三个层面。从生理层面看，男女各有其独特的性特征；从心理层面看，性包括性意识、性观念、性情绪等；从社会文化层面看，性受到文化习俗、道德伦理、法律法规和情感意志等的制约。

性心理是指在性生理的基础上，与性特征、性欲望、性行为等有关的心理状态和心理过程，是性意识、性观念、性情绪等的总和。

（一）性健康及性心理健康

性健康是指个体在性生理和性心理上均保持健康的状态。性心理健康有以下判断标准：① 能正确认识自我，悦纳自己的性别；② 具有正常的性欲望；③ 性心理和性行为符合心理发展年龄；④ 有较强的性适应能力；⑤ 能与异性保持和谐的人际关系；⑥ 性行为符合社会文明规范。

（二）大学生性心理的发展特点

1. 性意识增强

性意识是指个体对两性需求及其可能产生的种种相互关系的感觉或认知，具体指性特征、性别角色和性冲动在心理认知层面上的反映。进入青春期后，由于性生理和性心理日趋成熟，加之对性的相关知识不甚了解，不少大学生对性有强烈的好奇心，会情不自禁地对异性产生兴趣、好感和爱慕，他们渴望与异性交往，喜欢探索异性的心理秘密。在朦胧纷乱的心理变化中，大学生的性意识逐渐强烈和成熟起来。

2. 对性的关注增强

随着性意识的增强，大学生对性的关注程度也明显增强。他们十分重视自己在异性心目中的形象，十分看重来自异性的评价，并常按照异性的喜好塑造自我形象。但是，他们又不希望自己内心的秘密被他人察觉，因此会在行为上表现得拘谨、羞涩或冷漠。

3. 渴望性体验

由于性激素的作用及对性的好奇，大学生十分渴望得到恰当的性体验，如在恋爱过程中，恋人之间的亲吻和抚摸都会引起性欲望和性冲动。性梦、性幻想等也是渴望性体验的表现。

4. 性冲动与性压抑并存

一方面，大学生正处于个体性欲最旺盛的时期，随着生长趋势的变化，大学生的性发育年龄不断提前，性心理易受到外界的刺激而动荡不安，产生性冲动。另一方面，在舆论道德及校纪校规的约束下，大学生性需求得不到合理的疏导和释放，易产生焦虑和压抑情绪，导致性压抑。

（三）大学生的性心理问题

大学生性心理问题主要表现在性意识问题和性行为问题两个方面。

1. 性意识问题

大学生常见的性意识问题表现为性幻想、性梦等。这些都属于正常的生理和心理反应，但不少大学生把其当作一种困扰，往往出现诸如烦躁、自责、厌恶及精神不振等负面情绪，从而影响自己正常的学习、生活和身心健康。

有性意识问题的大学生，应该加强对青少年生理、心理发展规律的学习，正视自身存在的性意识问题；应树立正确的性观念，养成科学健康的生活和学习习惯，在男女同学交往中保持大方自然；应特别注意减少或避免社会或网络的不良风气对自身产生的负面影响，提高自律能力。当自觉无法摆脱心理困境时，可主动求助老师或心理咨询师。

2. 性行为问题

大学生常见的性行为问题有自慰、婚前性行为等。自慰是指用手或替代物刺激、摩擦性器官以引起性快感的行为。大学生自慰行为发生率相当高，不少大学生因为自慰行为而感到羞愧和自责。其实，自慰是一种正常的性行为，并非“不正经”，不必因此陷入心理困境。但这并不意味着自慰可以无度，过度自慰会对身体造成一定的伤害。

婚前性行为即婚前发生性行为。热恋中的情侣常常会通过身体接触来表达彼此之间浓烈的爱意，而触觉是一切感觉中最缺乏理智的，其与性行为的发生有着密不可分的关系。特别是当双方的身体触及敏感部位时，性行为的欲望会不可避免地被调动出来。但是，当性行为的发生并非彼此的初衷时，事后所产生的懊恼、自责及罪恶感会给双方带来很多的困扰。这种性行为并非建立在彼此对婚姻承诺的基础之上，同时受到道德规范的约束，无法带来心理上的绝对满足。

二 大学生性心理的调适

（一）主动学习性知识

性科学是一门综合的学科，有着极为丰富的内容，它揭示了两性生理结构上的区别，以及性发展和性成熟的规律，能够帮助大学生了解自己，适应自己的性别角色，从而正确

地调适自己的性心理。大学生应通过书籍、网络等途径主动学习一些基本的性知识，了解有关性生理和性心理发展的普遍规律，以正确的态度看待性行为，用科学的方法解决性心理问题，进而消除对性的困惑和误解，减轻心理负担。

需要注意的是，应通过正规途径获取性知识，绝不可浏览那些低级、粗俗、不健康的书刊、光碟或淫秽传播品。大学生接收性知识时一定要有所选择和过滤，以避免不良信息对身心造成侵害和冲击。

（二）积极参加集体活动

积极参加各种智力比赛、体育锻炼等集体活动，可以使大学生得到充分的放松，使性心理问题导致的焦虑情绪得到缓解。同时，广泛地参与集体活动还可以满足与异性接触的需要，有助于增进人际交往，拓展知识视野，保持愉快的心情。

（三）建立正常的异性交往关系

建立正常的异性交往关系，有利于情感的交流、智力的互补、个性的塑造、情绪的稳定和心理的补偿。在与异性的交往过程中，首先，要树立正确的观念，恰当处理友情与爱情的关系，建立纯洁的异性友谊与和谐的恋爱关系；其次，交往方式要自然、大方、真诚、坦率，避免害羞、忸怩或过于亲密的行为；最后，要了解异性的忌讳，言谈举止要注意分寸，做到亲近而不轻浮。

（四）塑造健康的人格

从某种角度来看，一个人的人格会在两性关系中有所体现。人格中的意志成分具有激发和抑制某种行为的作用，对于大学生来说，个人的思想观念、意志品质都会决定自我对性的控制程度。因此，大学生要积极树立健康的性观念，培养坚强的意志品质，充分尊重自我和他人，提升自我责任感，增强道德修养和法律意识，进而规范自己的行为，克服性冲动带来的心理冲突，合理调节各种情绪和心态，不断完善自我、提升自我。

拓展阅读

艾滋病及防治

中国疾控中心统计数据显示，中国艾滋病呈现“两头翘”的发病趋势，即青年人和老年人发病率高。针对目前我国青少年学生艾滋病感染现状，专家表示，目前15～24岁年龄段属于艾滋病高发人群，从2008年以后到2015年，有逐年上升的趋势。在2015年启动高校预防艾滋病教育试点后，这个趋势基本平缓，但每年仍有3 000例左右的青年学生感染艾滋病。

年轻群体艾滋病高发的主要原因在于年轻一代处在更开放、更便利的性接触环境中，对性的态度更加开放，但又缺乏对性传播疾病和相关保护措施的了解，没有

意识到感染艾滋病的严重后果，因此造成了感染人数剧增的严峻局面。艾滋病的传播在很大程度上取决于人们的行为和习惯，因此，预防艾滋病是完全可以做得到的。

大学生要掌握相关医学知识，正确认识艾滋病；洁身自爱，在任何场合都应时刻保持强烈的预防艾滋病意识，不要抱有任何侥幸心理；不参加非法采血，不涉足色情场所，不因好奇而尝试吸毒；生病时要到正规医院求治，注意输血安全，不与他人共用剃须刀、牙刷等，尽量避免接触他人体液、血液等；若有艾滋病感染的顾虑，应及时到正规医学科研机构或医院接受检查；应注意遵守性道德，严肃对待双方的恋爱关系，加强自身修养、自我约束和自我管理。

（资料来源：光明网，有改动）

心理训练

心理活动

“恋爱资格”大拍卖

【活动目的】

明确校园恋爱应具备的条件或资格，从而做到理性恋爱。

【活动过程】

（1）先让学生各抒己见，然后根据学生的意见总结大学生恋爱应具备的条件或资格。

（2）将 10 种最具代表性的恋爱条件或资格公布出来。

（3）将学生分成 8～10 人的小组，每组分配虚拟钱币 100 万元。

（4）宣布拍卖规则：每项恋爱资格的底价为 5 万元，每次加价不得少于 5 万元，如喊价三次无人继续竞标，则该资格由出价最高者获得。

（5）拍卖正式进行。

（6）检验拍卖最终结果。

【分享讨论】

围绕“哪个组付出的竞拍代价较高？”“哪项资格竞标最激烈？”等问题，请大家谈谈感想，说说为什么。

心书悦读

《爱的艺术》

【推荐导语】 本书从心理学的角度出发，把“爱”看作是人类对自己生存问题的一种回答，是人与人之间合作的巨大力量。该作品并不是一本教人学会如何爱的“情爱圣典”，而是一本探讨人生意义的心灵哲学类书籍。

心理测试

测试一 你的恋爱观成熟吗？

本测试可以通过《学生恋爱观测试量表》来完成。

《学生恋爱观测试量表》由 14 个测试题构成。扫一扫下方二维码，进行测试吧！

测试二 爱情还是友谊？

本测试可以通过《爱情与喜欢量表》来完成。

《爱情与喜欢量表》由 26 个测试题构成。扫一扫下方二维码，进行测试吧！

测试三 你的爱情属于哪种类型？

本测试可以通过《爱情类型测试量表》来完成。

《爱情类型测试量表》由 42 个测试题构成。扫一扫下方二维码，进行测试吧！

学生恋爱观测试量表

爱情与喜欢量表

爱情类型测试量表

第七章

理纷繁心绪，抚心灵褶皱

——大学生的情绪管理

第一节 认识情绪与情感

一 情绪

每个人在生活中都会体会到各种各样的情绪，如快乐、喜悦、悲伤、忧愁、愤怒等，人们就是在这样多彩的情绪世界里体验着人生百态。正因为有了喜怒爱憎恶等不同的情绪，生活才显得如此丰富多彩。同时，情绪也是个体心理状态的晴雨表，是个体幸福感的刻度尺。

情绪的定义和分类

（一）情绪及其组成要素

情绪是个体对客观事物产生的态度体验及相应的行为反应。其通常由生理唤醒、主观体验、认知过程和外部表现四个要素组成。

1. 生理唤醒

生理唤醒是指个体在情绪发生时的生理反应。任何一种情绪的产生都伴随着一系列的生理变化。例如，人在紧张时，会呼吸急促、心跳加快、手心出汗；人在恐惧时，会身体颤抖、瞳孔放大；人在高兴和生气时，会血压升高。

2. 主观体验

主观体验是指个体对不同情绪状态的主观感受。我们常常说“情绪是没有对错好坏之分的”，就是因为它具有主观性，或者说个人化。一个人的情绪到底是什么样的，其对于这种情绪状态的感受到底如何，只有自己知道。

3. 认知过程

面对同样一件事，不同的人会有不同的感受，这主要是由于认知不同。个体对一件事的认知不同，所采取的态度、所表现出来的情绪也就不同。例如，对于失恋，有的人会认为“我只是失去了一个不爱我的人，而对方却失去了一个爱她（他）的人，我的损失不算大”，这样想的人就比较容易释然，情绪也会比较平稳；而有的人认为“失恋代表着被他人否定”，这样想的人无疑会深受打击，情绪低落，甚至一蹶不振。

4. 外部表现

情绪发生时，通常会伴随着某种外部表现，即可以观察到的某些行为特征，包括面部表情、手势动作、语气语调、行为方式等。例如，人在高兴时，可能会出现眉开眼笑的表情、手舞足蹈的动作等。一般来说，情绪的外部表现与主观体验是对应的，但也有不对应的特殊情况，如假装生气、强颜欢笑等。

（二）情绪的类型

1．基本情绪和复合情绪

从生物进化的角度，可将情绪分为基本情绪和复合情绪。基本情绪是所有动物共有的，生而具备的原始情绪。一般认为，基本情绪有喜、怒、哀、惧四种。复合情绪是由基本情绪派生而来的，如愉快、厌恶、自卑、自信、喜爱、羡慕、妒忌、悔恨等。

2．心境、激情与应激

根据情绪发生的强度、持续性和紧张度，可将其分为心境、激情与应激。

心境是具有渲染性的，持久、微弱而又具有持续作用的情绪状态。心境一旦出现，就会成为个体心理活动的背景，从而产生积极的或消极的影响。“忧者见之而忧，喜者见之而喜”就是心境的表现。心境的体验平和，外部表现不明显，不易为外人发现，有时甚至当事人也不甚明了。

激情是短暂的、强烈的、爆发的情绪状态，通常由个体生活中的重大事件、激烈冲突、过度抑制或兴奋等所引起，一般都伴随有明显的外部表现。激情有积极和消极之分。处于激情状态的人可能对未来充满信心，愿意接受各种挑战，能够不断超越自我；也可能失去理智，自我控制力降低，如激情犯罪。

应激是指由出乎意料的，对个体产生威胁的紧张情况所引起的情绪体验。应激有积极的一面，如激化器官功能，增强人的反应能力等；也有消极的一面，如可能使人意识范围缩小，认知能力下降，行动慌乱等。长时间处于应激状态，会对个体的健康产生不利影响。

（三）情绪的功能

1．信息传递功能

情绪的外部表现具有信息传递作用，属于一种非言语性交际。特别是在言语信息暧昧不清时，情绪的外部表现往往具有补充作用。人们可以通过情绪准确而微妙地表达自己的思想和感情，也可以通过情绪去辨认对方的态度。

2．动机功能

情绪能够以一种与生理性动机或社会性动机相同的方式激发和引导个体的行为。例如，有时我们会努力去做某件事，只因为这件事能够给我们带来愉快与喜悦。

同时，情绪的表达还能够反映个体内在动机的强度。所以，情绪也被视为动机潜力的指标，即对动机的认识可以通过对情绪的辨别与分析来实现。动机潜力是指人们在具有挑战性的环境下所表现出来的行为变化能力。例如，当面临危险时，有的人头脑清晰，能够沉着冷静地脱离危险；而有些人则会惊慌失措，浑身发抖，不能有效地逃离现场。

3．调控认知的功能

情绪会影响个体的认知活动。大量研究表明：适当的情绪对个体的认知活动具有积

极的组织功能，而不当的情绪对个体的认知能力具有消极的瓦解功能，会阻碍个体的认知活动。

积极、适当的情绪会提高个体大脑活动的效率，提高个体认知操作的速度与质量。而消极的不良情绪则对个体的认知能力具有瓦解作用。一些消极情绪，如恐惧、悲哀、愤怒等，会干扰或抑制个体的认知能力。考试焦虑就是一个典型例子：考试压力越大，考生考得不好的可能性就越大。一般来说，中等程度的紧张是考试的最佳情绪状态，过于松弛或过度紧张都不利于考生发挥正常的水平。

心灵驿站

一些心理学家曾做过这样一个实验：在给细小的缝衣针穿线的时候，越是全神贯注，线越不容易穿入。在科学界，这种现象被称为“目的颤抖”，也叫“穿针心理”。

在人的内心世界中，心态扮演着极其重要的角色。在平和积极的心态下，一个人会变得从容镇定、思维灵活，其潜能会得到最大限度的发挥，从而变得愈加聪明，不管做什么事都能收到预期的效果。而在紧张慌乱的心态下，一个人会变得思维迟钝、想象贫乏，其潜能会始终处于睡眠状态，从而变得木讷，不管做什么事都达不到理想的效果。所以，每逢重要场合，我们都要克服“穿针心理”，以平和淡定的心态去对待。放下包袱，轻装上阵，必然能使自己的水平得到最好的发挥。

4. 调节身心健康的功能

情绪对健康的影响是众所周知的。积极的情绪有助于人的身心健康，消极的情绪可能会引发各种疾病。我国古代医书《黄帝内经》中就有“怒伤肝，喜伤心，思伤脾，忧伤肺，恐伤肾”的记载。溃疡、偏头痛、高血压、哮喘和癌症等疾病，也与人的情绪失调有关。一项长达 30 年的关于情绪与健康关系的追踪研究发现，性情压抑、易焦虑和愤怒的人患结核病、心脏病和癌症的概率是性情沉稳的人的 4 倍。所以，积极而正常的情绪体验是保持心理平衡与身体健康的重要条件。

心灵驿站

哭，是人类的本能，是人类的一种情绪表达，也是一种自我保护。心理学家弗莱对哭泣进行了长期研究，并做了一个有趣的试验：让一组人看感人的电影，收集他们因感动而流下的眼泪；让另一组人切洋葱，收集他们因刺激而流下的眼泪。结果发现，因感动而流下的“情感眼泪”中含有儿茶酚胺成分，因刺激而流下的“反射眼泪”中则没有。弗莱指出，儿茶酚胺是大脑在情绪压力下释放的一种化学物质，如果在体内积聚太多，会增加患心脑血管疾病的风险。可见，适时流出“情感眼泪”是非常必要的，这是在给身体“排毒”。所以，该哭的时候千万不要硬撑着。

（四）情绪的特点

1．复杂性

如前所述，情绪由生理唤醒、主观体验、认知过程、外部表现四个要素组成，因此，情绪的产生是一个复杂的过程。此外，在面对某一事件或某一情境时，个体的情绪有时并不是单一的，可能会有多种情绪同时产生，如又惊又怒、喜忧参半等。这些都表明人的情绪是复杂多样的。

2．周期性

情绪具有周期性，会围绕着正常水平，在高峰和低谷之间波动。但是，每个人的情绪都不可能一直处于高峰或低谷。如果一个人的情绪一直处于高峰或低谷，则表明其可能存在某种心理障碍。

心灵驿站

情绪周期是指个体情绪高潮和低潮的交替过程所经历的时间。它反映了人体内部的周期性张弛规律，亦称“情绪生物节律”。一个人如果处于情绪周期的高潮，就会表现出强烈的生命活力，如感情丰富，做事认真，待人和善，容易接受别人的规劝，具有悠然自得之感；如果处于情绪周期的低潮，则容易急躁，易产生反抗情绪，喜怒无常，常感到孤独与寂寞。

那么，怎样才能知道自己的“情绪周期”呢？科学研究表明，人的情绪周期与生俱来。从出生的那一天开始，一般以28天为一个周期。每个周期的前一半时间为高潮期，后一半时间为低潮期。在高潮期与低潮期之间的时间，即由高潮期向低潮期或由低潮期向高潮期过渡的时间，称为“临界期”，一般是 2～3 天。临界期的特点是情绪不稳定，机体各方面的协调性差，易发生事故。

情绪周期是情绪的晴雨表，我们可据此安排自己的学习、工作和生活。例如，情绪高涨时可以安排一些难度较大、较烦琐的任务；情绪低落时多出去走走，多参加体育锻炼，放松心情，遇到烦心事多向亲人、同学、朋友倾诉，寻求心理上的支持。

3．普遍性

人类的情绪是天生的，而且是系统的、有规律的。借助于调节面部表情和躯体运动的肌肉系统，我们向他人表达自己的情绪，而这种表达往往是无意识的，是一种本能而非后天习得的行为。

 二 情感

（一）情感的内涵

“情感”一词，既包含与同情、感情等相联系的“情”字，又包含同感觉、感受相联

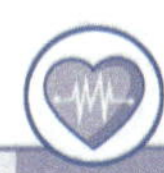

系的“感”字。因此，情感的基本内涵是感情方面的“知觉”，它集中表达了感情的体验和感受，经常被用于描述较高层次的感情现象。

（二）情感的种类

1. 道德感

道德感是个体根据社会的道德标准，对自己或他人的思想、行为做出评价时所产生的情感体验。当自己或他人的言行符合道德规范时，个体对自己会产生自豪情感，对他人会产生敬佩、羡慕、尊重等情感；当自己或他人的言行不符合道德规范时，个体对自己会产生自责、内疚等情感，对他人会产生厌恶、憎恨等情感。

2. 成就感

成就感是个体在认知活动中认识、评价事物时所产生的情感体验。例如，发现问题时的惊奇感，分析问题时的怀疑感，解决问题后的愉快感，对认识成果的坚信感等。

3. 美感

美感是个体根据一定的审美标准评价事物时所产生的情感体验。它是个体对自然和社会生活的一种美的体验。例如，对优美的自然风景的欣赏，对良好社会品行的赞美。美感的产生受思想内容及个人审美标准的制约，在面对同一事物时，不同个体的美感会存在差异。

三　情绪与情感

在心理学上，情绪与情感有时是通用的，都是个体对客观事物所做出的一种心理反应，但两者之间也存在一定的差别。

从需要的角度看，情绪更多是与个体的物质或生理需要相联系的态度体验。例如，当人们满足了饥渴需要时会感到高兴，当人们的生命安全受到威胁时会感到恐惧。情感更多地与个体的精神或社会需要相联系。例如，当人们的交往需要得到满足时会产生友谊感，当人们获得成功时会产生成就感。

从发生时间的角度看，情绪发生早，情感发生晚。人出生时就会有情绪反应，但没有情感反应。情绪是人与动物所共有的，而情感是人所特有的，并且是随着人的年龄增长而逐渐发展起来的。人刚生下来时，并没有道德感、成就感、美感等，这些情感是随着人的社会化过程而逐渐形成的。

从反应特点来看，情绪具有情境性、激动性、暂时性、表浅性与外显性，如当我们遇到危险时会极度恐惧，但危险过后恐惧会消失。情感具有稳定性、持久性、深刻性、内隐性，如父辈对下一代的期待和爱是一直存在的。

 大学生的情绪

 大学生的情绪特点

大学生的年龄一般为 18～25 岁，这是一个非常关注自我、注重个性表达、情绪体验丰富、心理尚不成熟、性格不稳定的年龄阶段。该年龄阶段的大学生正处于生理、心理及思想急剧变化发展的时期，其情绪具有以下几个特点。

（一）丰富性

随着生理和自我意识的不断成熟和发展，大学生对自尊、交往、爱与被爱及自我发展的需要更加强烈，与同学、朋友及师长之间的交往更加频繁，交往范围日益扩大。他们通过各种活动了解社会，对自己的能力特长、性格特征、身份地位、道德水平等有了更深刻的自我认识和评价。同时，专业兴趣、恋爱、人际交往、就业等新问题不可避免地摆在了大学生的面前。面对这些需要和问题，大学生相应地产生了多种多样的情绪体验。

（二）矛盾性

一是情感独立与依赖的矛盾引起的情绪困扰。随着大学生自我意识的发展，大学生的成人感迅速增强。他们离开家庭独自进入大学，获得了一种独立于父母的自主感，自信心和自尊心也有很大的提高。所以，大学生有着强烈的独立意识，渴望独立生活，希望家庭、学校和社会承认并相信他们独立生活的能力。但是，由于受社会经验和认识习惯的局限，他们还无法完全依靠自己的力量来处理学习与生活中的一系列复杂问题，对家庭、学校和社会有着明显的依赖性。这种依赖性与迅速发展的独立性并存的特点，常使大学生产生一系列负面情绪。

二是理想与现实的矛盾引起的情绪困扰。青年期是人生最富有理想的时期，大学生一般都有自己的理想。但是，由于他们缺乏相应的社会经验，许多大学生对理想只是停留于想象阶段或口头阶段，不了解实现理想的途径，且没有付出行动。这种对理想的认识与实际行动的不同步，以及由此而形成的理想与现实的差距，特别是当理想在现实中受挫时，会使许多大学生产生强烈的负面情绪。

（三）冲动性

大学生年轻气盛，对外界事物较敏感，在遇到外界的强刺激或突发事件时，容易情绪激动，感情用事。其情绪的冲动性一般表现如下：由于对外部环境或他人的不满，导致情

绪失控，语言、行动极富攻击性；由于对某事期望较高，当理想化的预期与客观现实之间发生矛盾冲突时，往往容易心态失衡，产生焦虑情绪。

同时，大学生的情绪又具有可调节性。随着文化水平、思想修养和心理发展水平的不断提高，大学生具备了一定的反省能力和情绪控制能力。多数情况下，他们能理性地思考问题，控制不良情绪；能在冲动过后，对自己的情绪和行为进行反思和调节。

（四）不稳定性

由于大学生的人生观、价值观还未完全定型，认知能力还有待提高，其情绪活动往往强烈却不能持久，会随着认知标准的改变而改变。他们在情绪上的不稳定性尤为明显，喜怒哀乐无常是常见的现象。大学生的情绪带有矛盾性和极端性，肯定与否定、积极与消极、紧张与轻松、激动与平静两极性突出，这使得他们在遇到问题时情绪往往会从一个极端跳到另一个极端，呈现不稳定状态。但是，随着认知水平的提高和知识经验的积累，大学生对自己情绪的调控能力将逐渐增强，其情绪会逐渐趋于稳定。

（五）掩饰性

随着知识水平的提高、思想内涵的丰富，大学生的情绪反应也逐渐隐晦。他们逐渐具备在一定的情境下压抑、控制自己的愤怒、悲伤等情绪，将真实的情绪掩饰起来的能力。例如，他们对一件事情或对某个人明明是厌烦的，但由于种种原因，可能会表现出较好的或不在意的态度。

二 大学生常见的负面情绪

所谓负面情绪，是指在个体主观预期有挫折、威胁或压力，而自己又感到缺乏有效的应对措施时，产生的以紧张为主并伴以忧虑、恐惧、不安等的情绪体验。如果负面情绪持续时间过长或者泛化，将会严重影响人们的学习和生活。大学生常见的负面情绪主要有以下几种。

（一）焦虑

个体对即将发生的某种事件或情境感到担忧和不安，但又无法采取有效的措施加以预防和解决，此时会产生紧张、焦急等情绪，表现出不明原因的忧虑和不安，这就是焦虑。焦虑本身并不是病态的，而是一种正常的情绪反应，几乎每个人都曾有过焦虑体验。适度的焦虑是大学生发挥潜能、解决问题、有效学习的动力之一，但过度焦虑则会给大学生带来不良的影响。

当大学生在学习、生活、工作等方面遭遇挫折或担心需要付出巨大努力的事情将要来临时，便会产生焦虑体验。被焦虑困扰的大学生会感到紧张着急、惶恐害怕，并且心烦意乱，总是担心有什么事情要发生，经常处于警觉的、无所适从的状态，无法放松，从而导致思维迟钝、记忆力减弱，同时伴有头痛、食欲不振等生理反应。

大学生常见的焦虑情绪主要表现为考试焦虑、社交焦虑和就业焦虑。考试焦虑是由考试压力引起的一种情绪体验，主要表现为在迎考及考试期间出现过分担心、紧张、不安、恐惧等情绪，还可能伴有失眠、全身不适等症状。这种状态会影响大学生思维的广度、深度和灵活性，降低其注意力、记忆力，使其复习及考试达不到应有的效果，甚至无法参加考试。

社交焦虑是一种与人交往时，觉得不舒服、不自然、紧张的情绪体验，主要表现为在与人交往时感到紧张、不安、担心甚至害怕，还可能伴随心跳加快、出汗、脸红、发抖、呼吸困难等生理反应。

就业焦虑是大学生在面对毕业求职问题时，对可能出现的无法实现就业目标的情况所产生的焦躁不安的情绪体验。

（二）抑郁

抑郁是一种持续时间较长的低落消沉的情绪体验。抑郁状态中的大学生对学习和生活兴趣索然，遇事缺乏信心，不愿与人交流，思维僵化，反应迟缓，行为被动，自我封闭，有时突发冲动，行为极端，常感到精力不足，注意力不集中，缺少青年人应有的朝气与活力，同时伴有羞愧、自责、痛苦、悲伤、忧郁、沮丧、孤独、绝望等不良心境。

克服焦虑和抑郁

大学生产生抑郁情绪的原因主要有以下几个方面：① 性格方面，如内向孤僻、不爱交际、敏感等；② 学习方面，如压力过大、成绩不理想等；③ 人际交往方面，如长期不受欢迎、人际关系紧张、得不到理解与尊重等。研究表明，长期处于抑郁状态的个体，对活动的参与性和主动性会降低，严重者甚至出现辍学、自杀等行为。

（三）自卑

自卑是个体在自我认识过程中对自己的能力或品质评价过低，轻视或看不起自己，担心失去他人尊重的一种情绪体验。

自卑并不是指客观上自己表现得不如别人，而是个体主观上认为自己不如别人，认为自己不够好。例如，上课的时候，不敢举手发表自己的见解，因为害怕自己的回答不够好；很多事情想去做，但又因为害怕自己做不好而迟迟不敢去做；做任何事情都会小心翼翼，因为害怕别人说自己做得不够好。这些都是自卑的表现。自卑的学生由于自我评价过低，从而导致做事畏畏缩缩、瞻前顾后，多愁善感，自尊心极强，过于敏感等问题，进而严重影响各方面的正常发展。

心灵故事

积极改变，克服自卑心理

上高中时，由于性格腼腆，王文从不敢在公共场合发言，和别人交流时也无法恰当地表达自己，尤其是和老师或陌生人说话时，总感觉十分局促。他很羡慕那些在公共场合从容不迫、侃侃而谈的同学。他知道自己的性格会影响自己的生活，甚至是以后的成长。为此，他强烈希望改变自己。

进入大学后，王文暗下决心，务必要改变自己“交往低能”的劣势，他认为“最怕什么，就要去做什么”。进校不久，王文就不断挑战自己，参加各种校园活动和比赛，如“精彩大学特训营”“课前 5 分钟演讲”“辩论赛”等。通过一系列的练习，王文变得神采奕奕、自信非凡。他不再是那个不敢和别人交流的王文，而是面对别人的不屑、质疑和耻笑，仍会笑着做自己的王文。认识他的人都很惊讶，觉得他发生了脱胎换骨般的变化，多了份自信和勇气，还有自己的想法。王文说：“在改变自己的过程中，我遇到的都是友善的笑脸，困难比我想象得要小得多。走出心灵桎梏的那一小步，就意味着向成功迈了一大步。”

（四）恐惧

恐惧是指个体在面临某种危险情境，企图摆脱而又无能为力时所产生的一种情绪体验。例如，人们在遇到地震却无力应对时，往往会恐惧万分。但这里所讲的恐惧是病理性恐惧，即对常人一般不害怕的事物感到恐惧，或恐惧体验的强度和持续时间远远超出正常范围。它是指个体对某类特定的物体、情境产生持续紧张的、难以克服的恐惧情绪，并伴随着各种焦虑反应。

在大学生的各种负面情绪中，恐惧是最常出现的，如担心考试不及格、担心朋友背叛自己、害怕生病、害怕孤独、害怕别人对自己的印象不好、害怕找不到工作等。这些恐惧情绪会在一定程度上影响大学生的学习和生活。

（五）悲哀

悲哀是指个体因失去所热爱的对象或无法获得需要的东西或期盼破灭等产生的情绪体验，包括遗憾、失望、难过、悲伤和极度悲痛等不同程度的消极情绪体验。悲哀虽然不能导致大学生心理失调，但体验过多或时间过久也会使大学生因承受过多负面情绪，而给其学习和生活带来负面影响。

（六）冷漠

冷漠是情感的萎缩，是一种对他人冷淡漠然的消极情绪体验。其主要表现为对人怀有戒心甚至抱有敌对情绪，不与他人交流，对集体、他人漠不关心，毫无同情心，对他人的不幸冷眼旁观、无动于衷，感知迟钝，缺乏热情和激情。冷漠通常是遭受欺骗、背叛等心灵创伤或受人漠视、轻视甚至歧视所致。

如何克服冷漠情绪？

一个女生的自述：“从我出生起，父母就教我与人竞争，别人会弹琴，我也得会弹；别人会跳舞，我也得会跳；别人考试得第二，我得考第一。但我觉得这样比来比去很没有意义，父母真不该把我带到这个世界上来。”平时，这个女生总是面无表情，行动懒散，毫无生气，对他人漠不关心，在集体中表现得不合群。

其实，该女生的冷漠情绪与其生活经历有关。由于一直处在竞争的心态下，该女生缺少与他人交流、合作的经验，觉得与周围的人都是竞争关系，进而用一种冷漠的态度来应对周围的一切。帮助该女生克服冷漠情绪最根本的方法是改变其认知，让其发现生活的意义，发现自我的价值，从而改变其长期以来形成的对人生的消极看法。同时，还应多鼓励她积极参加各种有意义的活动，主动融入集体生活，让其发现生活的意义。

（七）厌恶

厌恶是一种反感的情绪体验，通常表现为对现实、人生感到不满或厌烦，不愿学习、不愿工作，对什么都毫无兴趣，常伴有悲观厌世心理。厌恶通常是由某种挫折感引起的，如升学、求职、晋级受挫等。如果大学生长期处于对某一对象的厌恶情绪中，可能会把这种厌恶情绪“泛化”到更多的对象身上，从而严重影响自身的社会适应功能，造成人际关系紧张。

（八）愤怒

愤怒是指当个体的愿望不能实现或为达到目的的行动受挫时，引起的一种不愉快的情绪体验，或者是个体对他人的行为、某种社会现象等极度反感的一种情绪体验。愤怒情绪通常表现为血液涌向四肢、躯干、脑部，心率加快，肾上腺激素分泌增加，产生强大的身心能量，同时可能伴随激烈的行动。处在愤怒情绪中的人，常容易产生难以自控的行为。

（九）内疚

内疚是指个体认为自己对实际的或者想象的罪行或过失负有责任，而产生强烈的不安、羞愧、负罪等情绪体验。内疚的人往往会产生良心和道德上的自我谴责，并试图做出努力来弥补自己的过失。内疚往往使人产生羞耻、自责、自卑、无地自容等心理。过多的

内疚感会使人长期生活在紧张和痛苦中，不利于身心健康。被内疚情绪所困扰的人，常常会沉湎于往事，为过去所做的事情而自怨自艾。

（十）嫉妒

嫉妒是指由于他人在某些方面胜过自己而引起的不快甚至是痛苦的情绪体验。就内心感受来讲，前期依次表现为由攀比到失望的压力感；中期则表现为由羞愧到屈辱的心理挫折感；后期则表现为由不服、不满到怨恨、憎恨的发泄行为。嫉妒的具体表现为当看到他人学识能力、品行荣誉甚至穿着打扮等超过自己时，内心产生不平、痛苦、愤怒等感觉；当别人身陷不幸或处于困境时，则幸灾乐祸，甚至落井下石。

三　负面情绪产生的原因

负面情绪通常是由压力引起的。在大学生群体中，负面情绪主要是由学业压力、人际压力、感情问题、就业压力等引起的。

（一）学业压力

对于学生来说，学业压力是不可避免的。很多人认为大学的学业压力比较小，但其实不然。一方面，在大学，学生所面对的竞争对手是来自全国各地的优秀学生，这使他们有着更大的竞争压力。若想取得好成绩，必须付出更大的努力。另一方面，大学采用的是相对开放和快节奏的教学方式，很大程度上需要学生发挥自己的主动性，进行自主学习，这与他们以往接触的教学方式和采用的学习方式有着很大的不同。很多学生一时无法适应这种学习方式，以致考试成绩不理想，从而对学习产生抵触心理。

（二）人际压力

心理学研究指出，对于任何一个人来说，正常的人际交往和良好的人际关系都是维护其心理健康的重要条件。大学阶段是学生走出家门开始独立交往的阶段，也是其人生中最渴望交往和交往最广泛的阶段。但在现实中，不少大学生由于没有掌握人际交往的技巧，在交往中屡屡受挫，最后不敢、不愿与人交往。还有一些大学生由于外貌、家庭、性格等原因会有自卑感，总担心别人看不起自己，从而害怕与人交往。此外，大学生在校期间要处理多种人际关系，如舍友关系、同学关系、同乡关系、师生关系等，而复杂的人际关系容易导致大学生的人际交往出现问题。

（三）感情问题

大学生正处于青春后期，其生理发展基本完成，性意识增强，他们渴望与异性交往并收获爱情。但是，在恋爱过程中，一旦一方提出分手，大学生自尊心强、情感脆弱的特点很可能使他们的心理受到极大的伤害，引起自卑、抑郁等不良情绪，严重者可能产生心理问题。因此，大学生要谨慎对待恋爱问题。

（四）就业压力

就业对于大学生来说，是一个很现实的问题。当前，我国的大学毕业生人数逐年增加，就业竞争更加激烈。同时，大学生在找工作的过程中会遇到各种各样的困难，如所学专业就业机会较少，自己的就业选择与父母的意见有冲突，与用人单位沟通过程中发生不愉快等。这些都可能引发大学生的紧张、焦虑情绪，尤其是当周围的同学大都找到了工作，而自己的工作还没有着落时，这种情绪更加强烈。此外，即使找到工作了，也可能因与自己理想的工作存在一定差距而产生心理落差，从而引发情绪问题。

第三节 情绪管理

情绪管理就是通过有效的方法合理地控制自己的情绪，使自己始终处于一种积极的情绪状态中。懂得管理自己的情绪，保持积极、健康的情绪，对大学生的顺利成才具有十分重要的意义。

一 健康情绪的标准

（一）一定的诱因引起相应的情绪

情绪的发生和发展都是由一定的诱因引起的。例如，可喜的事件引起欢乐的情绪，不幸的事件引起悲伤的情绪，挫折事件引起愤怒情绪等。情绪不可能凭空产生，无缘无故的情绪反应、不明缘由的情绪表现都是不正常的。

此外，情绪反应的强度应与引发情绪的诱因强度相符合，并且在不同的时间和场合有恰如其分的情绪表达，即情绪反应与环境相适应。

（二）情绪的作用时间随客观情况的变化而变化

一般情况下，引起情绪的诱因消失之后，相应的情绪反应也应逐渐消失。例如，孩子不慎摔碎了一个碗，母亲可能当时不高兴，事情过后就不生气了。如果连续几天都生气，甚至长期生气，就是情绪不健康的表现。

（三）情绪稳定

情绪稳定是指情绪状态比较平稳，情绪反应适度。情绪稳定的人，一般不会因外界刺激而产生过于强烈的情绪反应。那些变化莫测、波动大、起伏剧烈的情绪反应，都是情绪

不健康的表现。

（四）心情愉快

心情愉快是情绪健康的一个重要标志。愉快表示一个人的身心处于积极的健康状态。如果一个人经常情绪低落，总是愁眉苦脸，心情苦闷，则可能是心理不健康的表现。

（五）能合理调控情绪

善于控制与调节自己的情绪，是指既能克制又能合理宣泄自己的情绪。只懂得掩盖而过分压抑自己的情绪，不但不能有效地适应环境，而且不利于身心健康。懂得如何调控情绪，并能从别人调控情绪的方法中借鉴一些适合自己的情绪调控方法，是一个情绪健康者最应该学会的保持身心健康的一项技能。

二 情绪调控的方法

克服负面情绪，关键在于情绪的调控。情绪调控的方法有很多，如运用错觉和幻觉影响情绪；利用语言和动作进行暗示；发挥积极的想象产生激情；依靠坚强的意志对情绪进行控制；利用心理宣泄、倾诉使情绪发生转移；通过自我激励，使情绪保持一定的兴奋状态等。下面介绍几个情绪调控的具体方法。

（一）合理宣泄

心理学认为，每个人都会遭受不同的挫折，都可能产生忧郁、焦虑、苦闷、烦恼、不安、不满乃至愤怒等不良情绪。一味地压抑不良情绪，就会在心理上累积侵犯性能量，这种累积往往处于“潜意识层”，成为隐藏于内心深处的暗流，而不会自然消失。它可以通过对内（对自己）侵犯，破坏人体机能的平衡协调运行；也可以通过对外（对他人）侵犯，引发攻击行为。过分压抑只会加重情绪困扰，而适度宣泄则可以把不良情绪释放出来，从而得以缓解。因此，当产生不良情绪时，最简单的办法就是“宣泄”，以排解消极情绪，恢复正常的情绪状态。

有着丰富的、复杂的、强烈的情绪体验的大学生应学会宣泄情绪，使不良情绪得到排解。宣泄的方法有找人倾诉、畅快地哭一场、在旷野中大声喊叫、拳击沙袋、到运动场上奔跑一阵等。需要注意的是，在采取宣泄法来调节自己的不良情绪时，必须增强自制力，不能随便发泄不满或者不愉快的情绪；要采取正确的方式，选择适当的场合和对象，以免干扰他人，造成不良后果。

（二）调整认知

心理学家艾利斯认为，人的情绪困扰并不是诱发事件本身引起的，而是由对诱发事件的非理性的解释与评价引起的。正是由于我们常有的一些不合理的认知，才使我们产生情绪困扰。如果这些不合理的认知长时间存在，还会引起情绪障碍。

艾利斯经过研究，总结出了不合理认知的几个特征：

（1）绝对化要求。绝对化要求是指个体以自己的意愿为出发点，认为某一事物必定会发生或不会发生。这种认知理念里通常有“必须”“应该”这类字眼。例如，“我必须获得成功”“别人必须对我好”“生活应该是很容易的”等。

（2）过分概括化。这是一种以偏概全的不合理思维方式。过分概括化通常表现为个体对自身的不合理评价。例如，当面对损失或是极坏的结果时，个体往往会认为自己“一无是处”“一文不值”，是“废物”等。以自己做的某一件事或某几件事的结果来评价自己，其结果常常会导致内疚、自卑、焦虑、抑郁等不良情绪的产生。

（3）糟糕至极。这是一种个体认为如果一件不好的事情发生了，将是非常可怕、非常糟糕，甚至是一场灾难的想法。这种想法将导致个体陷入极端不良的情绪体验中而难以自拔，如耻辱、自责自罪、焦虑、悲观、抑郁等。

不合理认知被“放大”或“缩小”，乃至“扭曲”时，它会严重干扰认知的客观性，进而使个体陷入情绪困扰。个体只有充分认识到自身存在的不合理认知，并用合理认知代替不合理认知，理性思考，才能减少情绪困扰和挫败感，更加积极地面对生活。

（三）正确地评价自我

正确地评价自我是大学生保持心理健康的重要条件。然而在现实中，很多大学生的自我评价往往缺乏客观性，出现偏高或偏低的倾向，从而使自身被消极情绪所困扰。因此，大学生应学会正确评价自我，对自己进行客观、公正、全面的分析，不因自己的长处而骄傲自满，也不因自己的不足而妄自菲薄，可以通过与别人比较、与过去的自己比较来认清自己，以人之长补己之短，不断地提高和完善自己。

（四）积极暗示法

积极暗示法即运用内部语言或书面语言对自身进行暗示。例如，默想或用笔在纸上写出“冷静”“三思而后行”“制怒”“镇定”等词语来平息怒气；反复默念一些简短、有力、肯定的语句，如“我的能力很强”“我一定会考好”“我一定会胜利”等来稳定情绪，排除紧张；用“胜败乃兵家常事”“塞翁失马，焉知非福”“坏事变好事”等进行自我安慰，消除焦虑、抑郁、失望等情绪。实践证明，这种暗示对个体的不良情绪和行为有奇妙的影响和调控作用，既可帮助个体舒缓过分紧张的情绪，又可用来激励个体不断前行。

（五）自我放松法

自我放松法又称松弛反应训练、自我调整疗法，是一种通过自主调节身体、主动放松来增强自我调控能力的有效方法。只要有一个相对安静的环境，大学生就可以按要求完成一系列动作，有效地缓解紧张、焦虑等情绪。常见的自我放松法包括呼吸放松法和冥想放

松法。

（1）呼吸放松法。呼吸放松法是一种最简便的放松方法，也是一种容易掌握的放松方法。其具体操作方法如下：先深深吸一口气，憋气3～5秒，再慢慢地呼气。呼吸时，可以想象自己由指尖开始吸气，气息流至手臂、肩膀，然后流至胸部、腹部、双脚，最后慢慢地从脚趾排出。按此方法反复练习，并用心感受这种深沉缓慢式呼吸作用于腹部、腰部及胸腔的过程，能够有效地放松身心，调节情绪。

（2）冥想放松法。将自己置于一个安静的环境中，端正身体并坐直，双手自然垂放在大腿两侧，轻轻地闭眼，放松全身肌肉，让心情平静下来，然后集中精力冥想让自己感到舒适、放松的情景。例如，湖面平静，湖水清澈而安宁，一只美丽的白天鹅浮在湖面上；洁白的雪花轻轻地飘落，覆盖在大地万物之上；金光灿灿的太阳跳出地平线，海面上浪花激荡；等等。这些美好的情景能让人感到心旷神怡，进而有效地促使人们放松身心。

综上所述，运用自我放松法放松需要五个条件：① 安静的环境；② 专注力；③ 顺其自然的态度；④ 放松的身体状态；⑤ 逐渐放慢的、深度的呼吸。

大学生在平时应多运用自我放松法，如果能熟练掌握，在遇到考试或其他紧张焦虑的场合时就能运用自如了。

（六）注意力转移法

当情绪激动时，为了不爆发情绪，可以有意识地转移注意力，把注意力从引起不良情绪反应的刺激情境上转移到其他事物或自己感兴趣的事物上去。例如，外出散步，看看电影、电视剧，读书，打球，下棋，找朋友聊天等。在新的活动中寻找到新的快乐源，不良情绪就可以得到排解。

（七）音乐调节法

音乐具有显著的调节情绪的功能。音乐的节奏、旋律、音色、速度、力度等都可以影响人的情绪变化，因此，可用不同的乐曲去诱发倾听者相应情绪的产生。例如，节奏明快、铿锵有力的音乐能振奋人的情绪；旋律优美、悠扬婉转的乐曲能使人情绪安定、轻松和愉快。

（八）向心理咨询师求助

如果上述方法都不起作用，或者自身出现了认知与行为方面的障碍，那么大学生可以去找心理咨询师进行专业咨询，在心理咨询师的指导和帮助下消除不良情绪和心理障碍。

总体而言，情绪调控的方法多种多样，大家可视个人情况灵活选用适合自己的方法。不过，最重要的是要坚信情绪是可以调控的，不良情绪是可以消除的。

心理训练

心理活动

活动一　认识自己的情绪

【活动目的】

（1）理解情绪的多样性。

（2）明确情绪与认知、行为的关系。

【活动过程】

我们每时每刻都在经历着情绪的变化，你是否意识到自己的情绪特点？你又是否理解自己的情绪和情感？下面我们通过两个活动来了解自己的情绪。

（1）闭上眼睛，做 3～4 次深呼吸，然后就情绪问题完成下面语句。

- 我生活中最快乐的时刻是______________________________。
- 发笑使我感到______________________________。
- 当______________________________的时候，我感到悲伤。
- 当他人哭泣的时候，我通常______________________________。
- 我最后一次哭是因为______________________________。
- 在家里，令我生气的是______________________________。
- 当他人生气的时候，我______________________________。
- 被误解时，我一贯的反应是______________________________。
- 当心情莫名的烦躁时，我常常______________________________。
- 当得知好友来看望自己时，我经常______________________________。

（2）想象自己遇到下面提到的几种情景时，会产生何种情绪？又会产生怎样的行为？请将答案写在空白处。

- 有人偷看了你的日记。

____

- 有同学告诉你，你获得了青年创意大赛一等奖。

____

- 你正在看你非常喜欢的影视节目，朋友却喊你陪她逛街。

____

• 你在公交车上被人踩了一脚。

• 你去买菜，别人找给你 50 元假币。

【活动讨论】

以小组为单位，针对上述两个活动的结果进行讨论，体会情绪的多样性及情绪体验的个体差异性。同时，完成以下两个活动，进一步讨论积极情绪和消极情绪的特点和对人们生活产生的影响。

1．画一画我的情绪彩带

按照情绪节律周期，每个人每个月总有几天会感到情绪低落或情绪高涨。请分别记录自己每个月情绪低落和高涨的日子，并看看这两个时期的情绪表现有什么不同。连续记录三个月，找出自己情绪的规律。用不同的颜色代表不同的情绪，把你体验到的情绪按时间顺序画成一条情绪彩带。画完之后，在组内展示，并说出你的情绪彩带的特点。

2．自我负面情绪再现

回忆并详细描述自己经历过的一次情绪失控事件，要描述导致情绪爆发的细节。通过详细的描述，深入探讨失控情绪产生的原因和造成的后果，想一想负面情绪给自己的生活带来了什么影响。试着想象一下，如果换一种情绪表达方式，结果是否会有所改变。

示例：我非常在意别人对我的评价，且对那些不好的评价非常敏感，这会极大地影响我的心情。这些评价会让我想很多，并且会让我生气很久，以至于不喜欢对方。有一次，我和朋友去超市买东西，她随口说了一句："其实你不用戴头花的。"我立刻觉得她是在说我现在的发型很难看。这时我会联想到自己最近在网上看了很多新发型的教程，每天都会花不少心思在弄新发型上，结果还不如以前的发型，实在是太丢人了。由此，我又会联想到朋友会不会因此不再喜欢我了，这时，难过、伤心的情绪立刻涌了上来，以至于我不想和她说话了。同时，我会立刻陷入无法自拔地对自我的厌弃和对他人的责备情绪中，并且这种情绪会持续好长一段时间。

活动二　掌握自己的情绪

【活动目的】

（1）学会辨别不合理的认知。

（2）学会运用合理的情绪疗法进行自我情绪调节。

【活动过程】

我们总是认为，一个人快不快乐是由某件事引起的。也就是说，一个人出现的某种情绪反应是由一定的事件引起的，它们之间存在着必然关系。例如，因为考试不及格，所以我苦恼；因为丢失了心爱的手表，所以我郁闷。但实际上可能并非如此。

（1）请阅读下面两个片段，分析为什么面对同样的事情，甲、乙却产生了不同的情绪？你从中得到了什么启示？

片段一：甲、乙两个学生结伴同行，迎面走来了一位同班同学，两人向来者点头微笑示意，对方却毫无反应地走了过去。对此，甲很生气，乙却很平静，好像什么都没发生一样。

片段二：期末复习期间，甲、乙两个学生患了重感冒，头昏脑涨，十分难受。老师让他们先回家好好休息，病好了再来学校。甲很感激，道谢后回家休息；乙却感到内疚，坚持要留下来上课。

（2）在日常生活中，我们难免会受到不良情绪的干扰，请谈一谈你是如何调节自己的情绪的。

心书悦读

《幸福其实很简单》

【推荐导语】 本书从个人幸福管理、爱情幸福管理、亲子幸福管理与家庭幸福管理四个方面出发，积极倡导一种平衡生活的理念，准确剖析爱情、家庭与事业中可能遇到的种种难题，以洗练睿智的语言解密终极幸福的真谛，告诉我们用心活在每一个当下的重要性。

真正幸福的人，不是完成了事情才快乐，而是快乐地去完成事情。快乐是一种决心。下定了快乐的决心，并愿意找回情绪的主控权，你就不会离快乐太远。这就是作者在本书中告诉读者的幸福秘诀。其实，幸福并非遥不可及，它就藏在生活的每一个小细节之中，等待我们用尊重、沟通、承诺及赞美去发掘它、实现它。

心理测试

测试一 你的情绪状态如何？

“病由心生”，如果情绪状态不好，势必会影响到个体的身体健康。所以，了解自己的情绪状态，并及时地加以调整是非常必要的。

这个测试可以通过《情绪稳定度测试量表》来完成。

《情绪稳定度测试量表》由 15 个测试题目构成。扫一扫下方二维码，进行测试吧！

测试二 你焦虑吗？

这个测试可以通过《焦虑自评量表》来完成。

《焦虑自评量表》用于测量焦虑状态轻重程度及其在治疗过程中的变化情况。它适用

于具有焦虑症状的成年人，具有较广泛的适用性。

《焦虑自评量表》由 20 个测试题目构成。扫一扫下方二维码，进行测试吧！

测试三　你能控制自己的情绪吗？

这个测试可以通过《情绪控制度测试量表》来完成。

《情绪控制度测试量表》由 15 个测试题目构成。扫一扫下方二维码，进行测试吧！

情绪稳定度测试量表

焦虑自评量表

情绪控制度测试量表

第八章

读书需明志，学习伴终身

——大学生的学习心理

第一节 大学生为何而学

一 大学生学习的特点

大学生作为一个特殊的群体，其学习是在特定条件下进行的有组织、有计划、有目的的活动。学习主要体现在以下几个方面：知识和技能的获得与掌握，智力和能力的开发与培养，思想认识、道德品质和行为习惯的培养与提高。与一般人的学习相比，大学生的学习有其自身的特点。

（一）既定的学习内容

大学生的学习是根据社会的需要、学生的成长规律和各学科的知识体系，由国家统一制订教学计划并按计划组织实施的，其学习内容反映了国家、社会对人才的基本要求。

在大学里，不同专业有不同的要求，大学生选定了专业就意味着确定了大学期间所要学习的专业知识。若对其他学科有浓厚兴趣，大学生可通过选修课、在线课程等方式学习。

（二）明确的学习目标

大学生的学习目标是非常明确的。首先，大学生的学习目标取决于国家对大学生的培养目标，即大学生毕业时应掌握哪些通用技能，具备什么素质和能力等共同的目标。其次，大学生的学习目标与专业紧密相关，不同的专业有各自明确的重点培养目标，即大学生毕业时应掌握哪些专业知识与技能，应具备哪些职业素养等专门的目标。

（三）可控的学习过程

大学生的学习过程既受既定学习目标的控制，又受教师指导的制约，并在很大程度上由教师教授的程序所决定。当然，大学生的学习过程也有一定的灵活性，这主要体现在学生在学习时要根据自身的情况选择适合自己的学习方法，要根据教师的总体要求设置合适的学习任务，要选择自己感兴趣的课外学习材料，等等。

二 学习动机

学习动机在学习中发挥着重要作用，每个人学习行为的产生都受各种各样的动机驱使，有些人是为了满足求知欲，有些人是为了获得荣誉，有些人是为了将来有更好的就业机会和生活质量……

（一）学习动机的作用

你为何而学？

总体来说，学习动机的作用主要表现在以下三个方面。

第一，学习动机决定学习方向。学习动机是以学习目标为导向的，它是学生为达到一定的目标而努力学习的动力。

第二，学习动机决定学习过程。学生能否持之以恒地学习，取决于其学习动机的强弱。心理学研究表明，完成某项学习任务所需要的时间与对这项学习任务的动机水平呈正相关。

第三，学习动机影响学习效果。心理学研究表明，在一定的强度范围内，学习动机越强烈，学习成绩就越好。

（二）学习动机的分类

根据动机来源的不同，学习动机可以分为内部动机和外部动机。内部动机主要由个体内在需要转化而来，也称内在驱动力。外部动机主要由外部条件激发而产生，也称外在诱因。

1. 内部动机

内部动机是指个体在自主意识的支配下，为获取知识、增长才能而进行学习活动的能动力量。它主要包括求知欲、焦虑、自我效能感等。

（1）求知欲是学习动机的基础。求知欲源于个体对知识的好奇心，在学习过程中感受到的知识魅力和愉快的情绪体验，以及在学习过程中产生的认知冲突。

（2）焦虑是个体对刺激产生的一种情绪反应，这种情绪反应可以产生强化学习动机或弱化学习动机的作用。当某一刺激对个体产生威胁，而个体感觉没有能力应对时，焦虑就产生了。通常，焦虑分为低度焦虑水平、中度焦虑水平和高度焦虑水平三个层次。心理学研究表明，中度水平的焦虑最能激发学生的学习动机，而过低和过高水平的焦虑都不利于激发学生的学习动机。

（3）自我效能感是指个体对于自身能够有效地完成特定任务或达到特定目标的信心和信念程度。自我效能感高的人学习动机更强。

2. 外部动机

外部动机是指源于个体外部，对个体的学习起刺激、强化作用的外部因素，包括奖惩、竞争、期望等。

（1）奖惩包括奖励和惩罚。前者是指用正面的反馈（或刺激）鼓励和激发个体产生积极行为；后者是指用负面的反馈（或刺激）抑制或消除个体的消极行为。合理、适度地运用奖惩，有助于强化学生的学习动机。

（2）竞争是指个体（或群体）为了自己的利益和需求，同他人（或其他群体）争胜的心理倾向和行为活动。竞争存在于同伴之间，也存在于整个社会中。竞争能给个体带来

一定的心理压力，是强化学习动机的一种有效手段。

（3）期望是教师和家长对学生取得好成绩的一种期许和希望。心理学和教育学都非常重视期望对学生的影响，教师和家长若能恰当地表达自己对学生或孩子的期望，就有可能对学生或孩子的学习起到推动和促进作用。需要注意的是，期望应适度，否则会适得其反。

（三）影响学习动机的因素

1. 外部因素

影响个体学习动机的外部因素主要有社会因素、家庭因素和学校因素。

1）社会因素

社会因素对大学生学习动机的影响既有积极的方面，也有消极的方面。就积极的方面而言，新产业革命对未来人才的需求，以及市场经济对个人素质的要求促使大学生抛弃“60 分万岁”的观念，要求其在注重学习基础知识、扩大知识面的同时，还要努力通过多种方式培养多方面的能力。就消极的方面而言，有一部分大学生可能会受利己主义、拜金主义等不良社会风气的影响，在价值取向上产生偏差，从而导致学业的荒废。

2）家庭因素

家庭因素对大学生的学习动机有很大的影响。有的家长对孩子的期望值较高，为子女的成长费尽心血，如果父母的期望能够转化为学生的自我期望，将会极大地提升学生的学习动机。但是，如果学生只把学习动机局限于报答父母的养育之恩上，那么这种动力将十分有限。

此外，有些学生因家庭条件比较好，物质生活优渥，便心安理得地接受父母所提供的一切，安于享乐，不思进取，根本不在乎学习成绩的好坏。

作为当代大学生，我们一定要正确看待家庭对自身产生的影响，充分利用家庭中有利于自己的积极因素，努力消除消极因素的影响，从而保持旺盛的学习动力。

3）学校因素

学校教育是影响学生学习动机的重要因素。通常，教学内容陈旧、教学水平不高、教学方式单一等因素都会导致学生学习动力不足。对此，一方面，学校应加快教学改革的步伐，努力提高教学水平和教学质量；另一方面，大学生要变被动学习为主动学习，完成由依赖教师督促向自己主动学习的转变。

2. 内部因素

所谓内部因素，是指影响学生学习动机的自身或内在的因素。如果有明确的学习目标、强烈的学习兴趣和求知欲，学生就会“不待扬鞭自奋蹄”。反之，如果学生缺乏学习的内在动力，只有在外界的推动下才愿意学习，则一般无法取得好的学习成效。

（四）学习动机的激发

心理学研究表明，人的动机可以被激发、引导和改变。通常，学生可以从如下几个方面激发和培养自己的学习动机。

1．确立学习目标以激发学习动机

动机是在需要的基础上产生的，但并不是所有需要都能成为动机。只有需要指向某个目标，且目标有实现的可能性时，才能将个体的内在需要转化为动机，从而对个体形成推动力。进入大学以后，有一部分大学生就是因为学习目标不明确而导致学习动机不足，学习效果不佳。

为了激发和培养学习动机，大学生必须经常问自己“为什么上大学”“怎样度过大学”等问题，并制订明确的学习目标，如为了通过英语四级考试，必须每天背 30 个单词等，从而化被动学习为主动学习，进而形成强大且持久的学习动力。

2．培养学习兴趣以增强学习动机

学习兴趣是大学生学习动力中最活跃、最现实的成分，培养学习兴趣是激发大学生学习动机的一条重要途径。早在两千多年前，孔子就提出了“知之者不如好之者”的说法。陶行知先生也曾说过，“学生有了兴味，就肯用全部精神去做事，学与乐不可分”。

从教师的角度来说，教师可以想方设法让学生的学习内容变得更加有趣，如结合学生感兴趣的时事热点讲课，开展有趣的实践活动等；也可以教学生一些实用的学习策略，为学生提供难度适宜的学习材料，通过使学生获得成就感来激发学生的学习兴趣。

从学生的角度来说，大学生要充分认识到专业学习的重要性，以自己的专业为中心，培养对自己所学专业的兴趣，从而增强学习动机。

3．配合学校管理以强化学习动机

“没有规矩，不成方圆”。学校管理对学生学习动机的形成起导向作用，并能强化学生学习动机的程度和稳定性。近年来，我国高校的学生管理工作通过引入竞争机制，激励学生不断提高自身素质以适应竞争的需要，这对激发和强化大学生的学习动机起到了十分明显的作用。

另外，学校运用学习成果的评价反馈机制、奖励和惩罚的管理手段开展教育活动，也是强化大学生学习动机的有效方法。大学生应当充分认识到学校管理对自身成长的意义，自觉接受和配合学校管理，把外在的要求内化为自觉的行动，以获得更好的成长。

三 大学生学习的途径

（一）广泛阅读书籍

读书的益处不言而喻。大学生不仅要读专业书籍，也要广泛涉猎人文书籍，这样才能

全面发展，成为既专又博的高素质人才。

1. 专业书籍

进入大学，有的学生读的是自己喜欢的专业，有的学生选择或被调剂到了自己不太喜欢的专业。但不管怎样，既然选择了所学专业，就必须掌握该专业精深的专业知识。

为了学好专业知识，每个大学生不仅要把握课堂上的黄金时间，还要充分利用课余时间阅读相关专业书籍，深入思考课堂上教师所讲授的内容，强化学习效果。大学的课堂学习时间有限，主要依靠大学生在课下自学。仅凭课堂上教师所教授的知识，大学生在毕业以后很难迅速适应社会的需要，成为真正的专业人才。

2. 人文书籍

书籍是人类进步的阶梯，畅游其中，既可以锻炼大学生的思维能力，提高其判断能力，也能陶冶情操，拓展知识面。大学生不仅要掌握精深的专业知识，还应充分利用闲暇时间广泛阅读人文类书籍，学习政治、哲学、法律、地理、历史等方面的知识，使自己在知识的深度和广度上都得到拓展。

（二）掌握科学的记忆方法

记忆是学习的基础，是积累知识的先决条件。记忆是通过识记、保持、再现等方式，在人们的头脑中积累和保存个体经验的心理过程。记忆与学习密不可分，学习的过程是获得并积累经验的过程，在这个过程中，记忆作为保存这些经验的重要手段之一，对学习起着十分重要的作用。大学生在学习的过程中可以通过以下方法提高自己的记忆效果。

1. 通过理解进行记忆

理解记忆是指个体在学习中通过理解事物内在的联系和规律进行识记。在教学过程中，许多教师往往会利用实物、视频、音频等来提高教学效果，并教学生运用对比联想、类比联想等方法强化记忆的效果。事实证明，个体容易记住经过深入思考达到深刻理解的事物，且记忆效果也比较持久。

2. 通过回忆进行记忆

回忆是指把以前记忆的经验或材料重现出来的过程。大学生可以经常将所识记的内容按某一顺序或有针对性地复述出来，以加强记忆效果。当然，这种复述不是机械性的重复，学生在复述时可以适当加工和提炼，用自己的语言来表达。

3. 利用遗忘规律进行记忆

记忆的保持与遗忘是一对矛盾关系，两者既对立又统一。充分利用遗忘的规律，可以有效地提高记忆效果。

心理学家艾宾浩斯发现，遗忘在学习之后立即开始，而且遗忘的进程是不均衡的，其规律是先快后慢。遗忘不仅受时间因素的影响，还受许多其他因素的影响，如学习材料的性质与数量、学习材料的顺序及识记者的态度等。

根据遗忘的规律，我们可以采用以下对策来提高记忆的效果：① 学习之后立即进行复习、记忆，并且之后还要再复习几次，复习的时间间隔可以逐渐增加；② 进行适当的过度学习，以加强对所遗忘材料的记忆；③ 根据学习材料的性质安排适量的学习时间，同时要尽量使前后两段时间的学习材料不一样，避免它们相互干扰。另外，还可以利用外部记忆手段，如记笔记、编提纲等方法提高记忆效果。

四 有效的学习方法

为了帮助大家更好地学习，下面介绍几种简单有效的学习方法，这些方法都是根据心理学原理得出并得到实践证明的。需要注意的是，由于人与人之间存在个体差异，同一种方法不一定适合所有人。学生可以根据自己的学习特点选择一种或几种适合自己的学习方法，也可以根据学习目的不同灵活调整自己的学习方法。

有效的学习方法

（一）整体学习法与部分学习法

整体学习法是指将学习材料作为一个整体来学习，以获得对材料的总体印象和了解，为进一步学习打好基础。整体学习法能使学习者在较短的时间内把握学习材料的全貌，但学习者通常无法深入了解学习材料。

部分学习法是指将学习材料划分为若干单元，每个单元可以是一章、一节，甚至是一段，学习者可每次集中学习一个单元。部分学习法能使学习者较好地掌握每一个部分的具体内容，但难以对材料形成一个总体印象，不能很好地从整体上把握学习材料的核心。

学习者最好将这两种方法结合起来，采取“整体—部分—整体”的方法进行学习。具体做法是：首先，采用整体学习法对所学材料有一个大概的了解，在头脑中形成一个较为清晰的轮廓；其次，采用部分学习法逐个击破学习材料的各个部分，并重点学习那些较难或较重要的部分；最后，再次采用整体法，将学习过的材料作为一个整体重新复习一遍，使各部分的内容联系起来，从而在头脑中形成一个更为清晰、全面的印象。

（二）集中学习法与分散学习法

集中学习法是指集中在一段时间里连续进行学习。一般来讲，比较复杂难懂的材料用集中学习法较为合适，这样可以保证学习者在一定时间内集中注意力，有利于其理解并掌握那些抽象难懂的内容。但集中学习的时间不宜过长，否则容易产生疲劳感，使学习效率下降。

分散学习法又称间隔学习法，与集中学习法相对。分散学习是指学习时间上的分散，即每次学习的时间较短，每次学习之间都有一定的时间间隔。但具体学习时间和间隔时间取决于学习材料的性质和学习者自身的情况。一般来说，分散学习法适合用于学习数量较

多、易于分段的材料，常与集中学习法配合使用。

（三）过度学习

过度学习是指完全掌握学习材料后继续学习一段时间，以巩固学习效果。心理学家克鲁格曾做过一项实验，他让三组被试者记忆同一组词汇：第一组在学习者能全部回答正确时就停止学习，第二组进行 50% 的过度学习，第三组则进行 100% 的过度学习。实验结果表明，第二组被试者的记忆效果最好，而第三组被试者的记忆效果则有下降的趋势。也就是说，适当的过度学习对学习效果有很大的帮助。

（四）迁移学习

迁移学习是指先前的学习或训练对后来类似的学习或训练有一定的影响。迁移学习有正迁移与负迁移之分，正迁移是指一种学习对另一种学习起积极的促进作用，负迁移是指一种学习对另一种学习起干扰或抑制作用。在运用迁移学习时，要尽可能地强化正迁移，减少负迁移。此外，还要注意将新的学习材料与原有知识按由近至远的顺序安排，也就是说，要先使新的学习材料尽可能接近原有的知识体系，这样有助于形成正迁移。

第二节　大学生学习心理障碍及其调适

一　大学生的学习心理障碍

在学习的过程中，不少大学生都体验过不同程度的困扰，心理学上称之为学习心理障碍，一般表现为认知失调、情绪失调、学习定势等。

（一）认知失调

认知失调是指个体在面临矛盾或不一致的认知要素时所产生的心理不适感。认知失调在学习上的表现主要有以下两种。

1. 自我认同危机

在互联网时代，面对多种价值观念的冲击，大学生在人生观的确立、人生道路的选择上会遇到很多困惑：他们时而认为高学历、高技术是互联网时代的敲门砖，因此必须拿到各种证书点缀自己的简历；时而觉得站在时代的风口才是成功的要诀。由此带来的迷茫与不确定感很容易使他们产生自我认同危机，进而导致认知失调。

2. 思维方式片面

个体在认识自我时往往容易将自己的某一方面与周围人最突出的一面做比较，导致对自我评价偏低，易产生认知失调。

（二）情绪失调

情绪失调是指由片面的或错误的认知引起的自我否定、焦虑、恐惧、抑郁等不良情绪。通常来说，情绪失调在学习上的表现主要有以下三种。

1. 学习冷漠症

学习冷漠症是指对学习毫无兴趣，缺乏学习动机，注意力不集中的一种情绪状态。患有学习冷漠症的大学生往往处于一种消极的情绪当中，他们能意识到这种情绪是不健康的，但却难以做出改变。

高中阶段，考上大学是学生们的唯一目标，其许多兴趣爱好被压抑，同时由于升学压力，有些学生长期超负荷学习，身心俱疲。大学阶段，考上大学的目标实现后，他们的学习动机减弱，学习冷漠症便悄然而至。另外，对所学专业不满意或不感兴趣也同样会造成大学生对学习产生消极情绪反应。

2. 学习无助感

学习无助感是指个体在经历了一连串无法控制或无法预测结果的负面事件后，感到无力去应付或不知该如何应付类似情况的一种情绪状态。

学习无助感主要表现在那些学习能力较弱、学习基础较差或因学习方法不正确导致学习成绩不理想的学生身上。这些学生往往感到力不从心，认为自己难以提高学习成绩，这种失败感会导致他们内心的消极情绪不断扩散，进而产生自卑心理或厌学心理，还会出现无精打采、嗜睡等现象。

学习无助感在认识上主要表现为消极的判断和评价，如无兴趣、无助；在情绪上主要表现为对未来充满了无望感，对取得成功或改变困境的信心下降；在行动上主要表现为失去了积极主动的行动意愿。轻度的学习无助感较为常见，并不构成疾病，但如果学习无助感长期存在或程度不断加深，则会影响个体的心理健康和日常生活。

心理小资料

习得性无助

对于学生而言，“习得性无助”是一种适应不良的状态。如果一个学生一直很努力，却总是无法获得理想的结果，他就会出现“心理失控状态”，其中既包含对自身能力的否定，也包含对环境控制感的丧失。

20世纪60年代，心理学家塞利格曼在动物实验中发现了此类心理现象。在动物实验中，他把狗关在笼子里，只要蜂音器一响，就对狗进行电击。多次实验后，蜂音器一响，尽管在电击前把笼子门打开，狗也不会逃走，而是直接倒在地上开始呻吟和颤抖。塞利格曼将这种现象称为“习得性无助”，是指通过学习形成的一种对现

实的无望和无可奈何的行为和心理状态。

综观动物和人类的“习得性无助”，其产生的关键在于屡次失败之后所形成的个体对外部世界的虚幻的知觉定势。人类与动物的不同之处在于，很多时候那个无法逃离的“笼子”存在于人类的头脑当中。

正如实验中那条绝望的狗一样，如果一个人总是在一项工作上失败，他就会在这项工作上放弃努力，甚至还会对自身产生怀疑，觉得自己“这也不行，那也不行”。

（资料来源：豆丁网，有改动）

3．学习焦虑症

学习焦虑症是由于学生以学习成绩的好坏作为自身价值评判的唯一标准而导致自信心不足的一种症状，主要体现为对学习过程的焦虑与对学习结果的焦虑。例如，有些学生虽然学习成绩较好，但特别害怕失败，总感到莫名其妙的焦虑，这就是因为其患有学习焦虑症。患有学习焦虑症的人的特点是：学习动力主要来自外部，而不是出于自身对学习的兴趣；他们把学习成绩作为学习的唯一目标，总是为自己能否始终保持优异的成绩而忧心忡忡；他们缺乏创新能力与完成任务的魄力，又害怕甚至嫉妒其他人超过自己；即使是偶然成绩不理想也会有强烈的情绪反应，并怀疑自己的能力，出现紧张、不安等情绪。患有学习焦虑症的人常表现出睡眠质量不好、注意力不集中等现象。

（三）学习定势

学习定势也称学习定向，是指一个人进行学习活动时的心理准备状态。态度、思维方式、知识经验等共同构成一个人学习的心理准备状态，使后续的学习活动有一定的倾向性，朝一定的方向进行。学习定势既有积极作用也有消极作用，可以提高或降低所指向的学习活动的效能。学习定势的消极作用在大学生身上表现为学习方法不当、学习效率不高、注意力难以集中等。

产生学习定势的原因主要包括以下三点：第一，学习动机不足，学习目的不明确；第二，缺乏科学的学习指导，不知道学什么、怎么学；第三，自我控制能力差，不知道如何合理地安排学习时间。

（四）高原现象

高原现象是指个体在学习上的进步在一段时间内停滞或放缓的现象。产生高原现象的原因有许多，如学习热情下降、身体疲劳、旧的知识结构的限制等。

产生高原现象时，可以多进行户外活动，以增强体质、消除身体的疲劳感；若对一门功课的兴趣下降了，可以暂停去学习另一门功课，或者在该门功课中竭力寻找自己未发现的新的兴趣点，重新激发学习的兴趣与热情。

二、大学生学习心理障碍的调适

学习心理障碍不仅会导致内心焦虑不安，还会对身体造成一定的伤害。因此，按照科学的方法预防和克服心理障碍，保持良好的学习心理状态，就显得十分重要和必要。大学生对学习心理障碍进行调适时可以从以下几个方面入手。

（一）正视失败

大学生要敢于面对失败，承认失败，从积极的角度去认识失败。如果能从失败中吸取教训，找到正确的努力方向，失败就会变为宝贵的经验。

（二）抛弃“唯分数论”，重建评价标准

大学生应该是德智体美劳全面发展的人才，不仅要学好专业知识，也要培养自身的人际交往能力、组织能力、思维能力等。因此，大学生不应把专业考试分数当作评判自身的唯一标准。但是在抛弃“唯分数论”之后，大学生应建立一套合理、有效的评判标准，以促进自我不断进步。

（三）培养对学习的兴趣

学习的最佳状态是对所学内容感兴趣，能在学习中体验到快乐。如果个体对学习产生真正的兴趣，学习就会成为一种享受。大学生应纠正学习是为了完成毕业任务的消极思想，从自己感兴趣的内容入手培养对学习的兴趣。

（四）探索适合自己的学习方法

学习方法不当会导致学习效率低下，进而影响大学生的学习动机。鉴于此，大学生应该结合自身及所学专业的特点，找到适合自己的有效的学习方法。

（五）正确评价自己，增强自我效能感

大学生在学习过程中一定要客观评价自己，要在正确认识自己能力的基础上确立适当的学习目标，既不放低要求，也不好高骛远。同时，大学生在学习过程中一定要注意循序渐进，先从容易的目标开始，在取得一定成果后进行复盘，并让身边的朋友对自己进行评价，总结经验后，再去挑战下一个目标。这样不仅可以很好地调节自己的目标和期望值，正确评价自己，增强自我效能感，还能培养对学习的兴趣和信心。

心理训练

心理活动

注意力训练

【活动目的】

提高注意力。

【活动流程】

（1）萝卜蹲。

将全班学生分成人数相等的三组，一组代表红萝卜，一组代表白萝卜，一组代表黄萝卜。老师喊口令，学生做动作。例如，“红萝卜蹲”“黄萝卜蹲”“白萝卜不蹲”。各组学生根据口令快速蹲下。喊到下一个口令时，前一组的学生要快速站起来。未按口令做动作的学生被淘汰。

（2）高个矮个。

学生围成一圈，“高个”“矮个”交替站立。老师喊口令：喊“高个”时，“高个”的学生两手上举，脚尖踮起；喊“矮个”时，“矮个”的学生两腿半蹲，两手扶膝。口令发出后，没有立即做出正确动作的学生被淘汰。

（3）大小西瓜。

学生站成若干排，老师指定一个学生当排头。排头说出“大西瓜”的口令时，双手要做出小西瓜的样子；接着第二个学生说“小西瓜”口令，同时双手要做出大西瓜的样子。学生依次喊口令并做动作直至最后一人。口令与动作不一致的学生被淘汰。

（4）抓耳抓鼻。

学生在老师面前站成一排，老师喊口令，学生做动作。口令为“1、2”时，学生两手在胸前按口令节拍击掌两次；口令为“3”时，学生用左手食指与拇指抓住鼻子，右手与左臂交叉用食指与拇指抓住左耳。“1、2”和“3”的口令反复变换，在发出口令后两秒内没有做出动作或动作不对的学生被淘汰。

心书悦读

《为未知而教，为未来而学》

【推荐导语】 从小学到大学，你学到的哪些知识在今天的生活中仍然有用？这些知识会在专业技术、社交活动、家庭生活、艺术活动中给你带来帮助吗？很遗憾，大部分人的回答是“不”。那么，什么样的知识才是值得学习的呢？

在本书中，作者将告诉读者，如何辨别传统知识体系的实用性，如何通过提出开放性问题形成全局性理解，如何通过辩证学习培养自身的综合素质。

心理测试

测试一 你有学习方面的困扰吗？

这个测试可以通过《学习动力测试量表》来完成。

《学习动力测试量表》由20个测试题目构成。扫一扫下方二维码，进行测试吧！

测试二 你了解自己的学习状况吗？

这个测试可以通过《大学生学习风格测试量表》来完成。

《大学生学习风格测试量表》由36个测试题目构成。扫一扫下方二维码，进行测试吧！

测试三 你的创造力如何？

这个测试可以通过《创造力测试量表》来完成。

《创造力测试量表》由50个测试题目构成。扫一扫下方二维码，进行测试吧！

学习动力测试量表

大学生学习风格测试量表

创造力测试量表

第九章

与挫折共舞，同压力和解

——大学生的挫折与压力

第一节 认识挫折

一 挫折概述

（一）挫折的含义

俗话说，人生不如意事常八九。在人的一生当中，不可避免地会遇到各种各样的困难和挫折，也就是大家常说的逆境。

什么是挫折

从心理学上讲，挫折是指一种情绪状态，是人们在某种动机的推动下，为实现某个目标而采取行动时，因遭到困难或障碍所产生的一种紧张、消极的情绪反应和体验。例如，一名准备充足的学生参加英语等级考试时，因听力题没有做好而产生紧张心理，由于过度紧张没有做完题目，结果没考过。

（二）挫折的要素

挫折包括挫折情境、挫折认知和挫折反应三个要素。

（1）挫折情境是指个体遇到的动机不能实现、需求不能得到满足的干扰情境，如高考落榜、竞选学生干部落选等。挫折情境既可以是真实的，也可以是想象的。

（2）挫折认知是指个体对挫折情境的认知和评价。由于人们的主观认识不同，这种认知和评价的过程存在着很大的个体差异性。

（3）挫折反应是指个体在挫折认知和评价的基础上，产生的情绪或行为反应，如愤怒、紧张、焦虑、退缩、逃避或攻击等。

这三个要素紧密联系，挫折情境引起挫折认知，进而产生挫折反应。其中，挫折认知起着十分重要的中介作用。一般情况下，挫折情境越严重，挫折反应就会越强烈；反之，挫折反应就会比较轻微。但是，如果个体将严重的挫折情境认知、评价为不严重，其反应就会比较轻微；相反，如果个体将并不严重的挫折情境认知、评价为严重，那么就会引起强烈的情绪反应。例如，两个人遇到同样的挫折情境——考试成绩不理想，一个人认为问题很严重，其反应会较强烈；另一个人认为无所谓，其反应会较微弱。

二 大学生常见的挫折类型

进入大学后，新环境、新需要会促使大学生开始独立思考和解决问题，而在这个过程

中，他们可能会遇到一些挫折。大学生常见的挫折主要有以下几种。

（一）现实挫折

面对大学里课业、职业的激烈竞争，学习、生活方式的巨大变化，以及价值观念的冲突，部分大学生一时无所适从，就会感到一种沉重的压力。这种压力超负荷时，就会破坏他们原有的心理定势，打破他们曾经为自己虚构的未来和梦想，现实和理想的难以重合，使得他们产生挫折心理。

（二）学业挫折

对大学生而言，学习知识是未来立足社会、提高自身竞争力、谋求自身不断发展的前提和基础。每个大学生都希望自己能够掌握正确的学习方法，取得良好的学习成绩，但这却不是每个大学生都能够做到的，而做不到的大学生就容易产生挫折心理。大学生面对的学业挫折主要包括学习环境不适应、学习方法不得当、学习压力加重等。

例如，有的大学生面对大学学习方式的转变，因无法适应而影响学习成绩；有的大学生因所学专业不是自己喜欢的专业，导致学习兴趣不足、学习动机减弱，进而无法取得满意的学习效果。这些都会使大学生产生挫折感。

（三）交往挫折

有一位心理学家曾经说过，“人类的心理适应最主要的就是对人际关系的适应”。对于很多大学新生而言，一个陌生的环境意味着需要重新建立起新的人际关系。比起中学时期的人际关系，大学时期的人际关系更为复杂。因此，有相当一部分大学生不知道如何与来自天南地北的、具有不同家庭背景和文化素养的、性格各异的同学相处。

此外，还有一些大学生自身存在“自我中心主义”“完美主义”“理想主义”等认知障碍，导致其在人际交往中不能客观地认识自我，理性地分析与自己有关的人和事，进而造成人际交往挫折。

（四）恋爱挫折

大学生普遍对爱情充满憧憬和渴望，但由于大学生的心理成熟往往滞后于生理成熟，在对待和处理异性关系的问题上常常表现得不够成熟，因此极易遭受感情挫折。此外，有些大学生因不会恋爱、单相思、失恋或恋爱动机不纯等，易陷入感情的漩涡，并随之产生苦闷、惆怅、失望、悔恨、愤怒等消极情绪，进而产生挫折心理。

（五）健康挫折

健康的身体是人生的基础。有的大学生由于自身健康问题，有自卑心理，在交往中变得不自信，甚至自我封闭，断绝与他人来往。这些都会给他们的学习和生活造成诸多困难，进而产生挫折心理。

（六）就业挫折

随着高校毕业生的数量日益增多，大学生的就业形势日趋严峻，就业竞争日渐加剧，相当多的大学生在就业过程中会遭遇挫折。例如，有的大学生缺乏自信，害怕求职受挫，担心自己找不到合适的工作；有的大学生不能正确认识自我，就业期望值偏高，结果高不成，低不就；有的大学生瞻前顾后，求稳求全，迟迟拿不定主意；有的大学生片面追求高薪、名企，最后求职失败；等等。这些都是他们产生就业挫折的原因。

不惧挫折，坚持追梦

“为了这一刻，我等了 21 年，”巩立姣在回忆夺金感受时说，“我做到了，我实现了自己的梦想。”

1989 年出生的巩立姣先后参加了四届奥运会；她在 2008 年北京奥运会上获得铜牌；在 2012 年伦敦奥运会上获得银牌；在 2016 年里约奥运会上获得第四名；在 2021 年东京奥运会，巩立姣在决赛中两次刷新个人最好成绩，最终以 20 米 58 的成绩夺冠，成为中国第一位获得奥运会田赛金牌的运动员。

谈到自己曾遭遇的挫折，特别是在 2016 年里约奥运会上无缘领奖台的经历时，巩立姣说：“我知道体力恢复容易，心态恢复很难。于是我不断与自己对话，告诉自己应该站起来，坚持自己的梦想，勇敢地重新开始。”

巩立姣表示，相对于 2017 年首次夺得世锦赛冠军，自己在东京奥运会夺冠时已略显“从容”。“因为那时的我刚走出阴影，获得世界冠军使我增加了不少信心。从挫折中爬起来，再站上最高的领奖台，这样完成梦想的过程，更能让我感到开心。可以说，是挫折成就了今天的自己。”巩立姣说。

在备战东京奥运会期间，比赛的延期打乱了她的训练状态。她还一度出现膝盖伤病和心态问题。“这是一个很大的考验，但为了梦想，我要克服困难，坚持下去。”巩立姣说。

“人一定要有梦想，万一实现了呢？”巩立姣的这句赛后感言在网络上广为流传，激励了许多正在拼搏的人。在被问及如何坚持追梦时，巩立姣答道：“始终相信有付出才会有收获。”

（资料来源：人民网，有改动）

三 大学生面对挫折的反应

个体遭遇挫折后，在情绪和行为上会产生一系列的反应，以维持心理平衡。由于个体

对挫折承受力的差异较大，所以遭遇挫折后个体的挫折反应较为多样，有的情绪波动不大，有的情绪异常激动；有的行为退化，有的行为过激；有的固执冷漠，有的自暴自弃；有的出现异常心理和行为，有的甚至产生心理疾病或轻生念头。因此，可以把个体遭遇挫折后的行为表现分为积极行为反应和消极行为反应两类。

（一）积极行为反应

受挫折后的积极行为反应是指不失常态地、有控制地摆脱挫折情境的理智行为。积极的行为反应能够有效缓冲心理挫折，使人有自信、进取的表现倾向。其主要形式有以下几种。

1．升华

所谓升华，是指个体以积极的心态看待挫折，将挫折转化为一种激励自己的力量。人们常说的“屡战屡败，屡败屡战”“越挫越勇”，就是升华在挫折面前产生的自我激励情绪。例如，不少大学生把失恋的痛苦转化为发奋学习、强身健体的动力，既宣泄了情绪，又丰富了大学生活。

2．补偿

所谓补偿，是指个体因主客观条件的限制和阻碍而无法实现期望的目标时，设法以新的目标代替原有目标，以其他方面的成功体验来弥补原有的遗憾与失败。例如，因自身外在条件在恋爱问题上受挫的大学生，把更多的精力投入到学业上，用好成绩来弥补在情感上遭受的挫折，以增强自信。

3．幽默

所谓幽默，是指个体在遭遇挫折后，以看似轻松、令人发笑的方式对挫折产生的原因或遭受挫折以后的后果进行化解，消除自己的紧张心理或愤怒感，保持心理平衡。幽默反映了个体看待挫折成败的一种超然的心态和智慧，是心理素质较好的表现。

4．寻求改变

所谓寻求改变，是指个体在遭遇挫折后，改变原有的行为方式，寻求其他可以发挥作用、实现目标的方法。

（二）消极行为反应

受挫折后的消极行为反应是指失常的、失控的、没有正确目标导向的行为，甚至是对自己、他人或社会造成一定程度危害的行为。其主要形式有以下几种。

1．攻击

攻击是最常见的一种情绪性反应。个体的动机和目标受到阻碍而不能实现时，常会产生愤怒、敌视等情绪或对构成挫折的人产生报复心理，在行为上可能会引起过激的举动，多表现为攻击性行为。

攻击包括直接攻击和间接攻击。直接攻击是指个体遭遇挫折后，把愤怒的情绪指向对其构成挫折的人或物，多以动作、表情、言语、文字等形式表现出来；间接攻击是指将挫折引起的愤怒、不满等情绪发泄到自己身上或与挫折来源不相关的其他人或物上，如埋怨自己能力不够强、机遇不好、命运不佳、生不逢时等。

2. 逃避

逃避是指在现实生活中，个体与社会及他人发生矛盾或冲突时，不能自觉地解决矛盾或冲突，而是选择躲避的心理现象。逃避的方式主要有以下几种：

（1）通过沉迷于其他事物进行逃避。例如，有的大学生在学习中遇到困难或追求的目标、理想一时无法实现时，便心灰意冷，沉迷于游戏、烟酒之中。

（2）通过幻想进行逃避，即企图以自己想象的虚幻情境来应对挫折，借以逃避现实。虽然幻想能使个体暂时逃避现实，并减轻个体受挫后的焦虑感和不安感，但是幻想本身并不能真正解决问题。若长期沉溺于幻想中，还会降低个体对现实生活的适应度。

（3）通过生理疾病进行逃避，如参加高考的学生在考试当天发烧、拉肚子等。通常情况下，这种疾病的发生是无意识的，并非装病。

3. 固执

个体在遭遇挫折后，面对已经变化的情形，依然采取刻板的方式，盲目重复某种无效行为，这种表现就是固执。例如，有些大学生遭遇挫折后，不能适应已经变化的情况，对老师、同学的忠告置之不理，不愿做出改变。

4. 反向

反向是一种“矫枉过正”的行为反应。个体为了防止与现实条件不相符的欲望或自认为不好的动机外露，就会采取与动机方向相反的行为，以掩盖自己的本意，避免或减轻心理负担。例如，有的大学生内心自卑，觉得自己什么都不如别人，却总是表现得自高自大、冷漠无情，以此来掩盖自己真实的内心。反向行为的掩饰性包含着压抑，若长此以往将会扭曲自我意识，使动机与行为脱节，进而造成心理失常。

5. 退行

退行是指个体在遭遇挫折后，心理活动和反应退回到个体早期发展水平，以幼稚的、不成熟的方式应对当前的情境。例如，大学生的活动计划如果受到家长或老师的反对，可能会采取赌气、砸物、暴饮暴食，甚至离家出走等非理智、非成熟的方式去应对。

四 培养挫折承受力

面对挫折

挫折承受力是指个体遭遇挫折后，适应挫折、抵抗挫折和应对挫折的能力，是维护个体心理健康的一道防线。挫折承受力较弱的人，在挫折面前容易产生不良情绪，几经打击之后，甚至出现行为失常和产生心理疾病；而挫折承受力较强的人，不良反应小，持续时间短，在重大挫折面

前仍可保持正常的行为能力，能采取理智的态度和正确的方法应对挫折。

培养挫折承受力不仅是大学生健全人格的需要，也是其提高心理健康水平，增强社会竞争力的需要。培养挫折承受力，大学生可从以下几个方面入手。

（一）正确认识挫折，改变不合理观念

正确认识挫折是大学生培养挫折承受力的前提。挫折具有普遍性，是人生的一个组成部分，是客观存在的。同时，挫折具有两面性，既有消极的一面，也有积极的一面。每个人都会经历挫折，如果在挫折面前保持积极进取的态度和建立战胜它的信心，变阻力为动力，那么挫折很可能成为一种难得的机遇。通过总结经验教训，寻找自身的不足，可以更好地促进个人成长，使自己的意志变得更加坚强，并加速走向成熟。

此外，一些不合理的观念也会导致个体出现强烈的挫折感，如认为挫折不应该发生在自己身上、以偏概全地看待自己和他人、无限夸大挫折的后果等。只有改变这些不合理的观念，才能客观地评价挫折带来的后果，从挫折中获得成长。

（二）对挫折进行正确归因

个体遭遇挫折后，要冷静、客观地分析自己的目标、方法、动力和阻力，对挫折做出符合实际的归因。对挫折进行正确归因可以帮助个体了解自己究竟是在什么地方失败了，哪些因素是可以改变的，哪些方面是需要自己接受和面对的，等等，从而有效地战胜挫折。

有一些造成挫折的因素是可以通过努力改变的，如提高自身认知水平，避免因主观认知错误而放大暂时的困难和逆境。对于可以改变的因素，大学生可以通过调整自身观念，更准确、客观地认识自己，以此调整自己的期望值，制订适度可行的目标，并分阶段、分步骤地完成，从而增强自信，取得成功。

还有一些造成挫折的因素是无法改变的，如生理因素、社会现象等。对于无法改变的因素，大学生要学会坦然接受，并从其他方面提升自己的能力，从而走向成功。

（三）适时宣泄不良情绪

宣泄是指利用语言或行为，在较短的时间内将可能危害健康的、过度的情绪发泄出来，使自己的精神得到有益的调整。挫折会给个体带来较大的身心压力，适时进行宣泄是释放压力的有效手段。

宣泄包括语言宣泄和行为宣泄。语言宣泄包括找人倾诉、唱歌、喊叫等，行为宣泄包括跑步、快走、拳击、书写、哭泣等。不管哪种宣泄方式，都要注意合理应用，不能对自己和他人造成伤害。

（四）主动寻求帮助

良好的人际关系可以满足个体的归属需要、情感需要、社会认可需要等，确保个体在遭遇挫折后，能够得到他人的支持和帮助，从而勇敢地面对挫折，并最终战胜挫折。因此，

构建良好的人际关系是增强大学生挫折承受力的有效手段之一。

如果个体在遭遇挫折后无法走出挫折带来的阴影，也不能获得家人、朋友的帮助，可以尝试进行心理咨询，在专业人员的指导下调适情绪和状态。

第二节 认识压力

一 压力概述

（一）压力的含义

压力又称应激，是指人们在社会适应过程中，对各种刺激做出生理和行为反应时所产生的一种紧张的心理体验和感受。一般而言，低自尊的人容易产生压力，这主要源于两种消极的自我认识：一是低自尊的人在应激状态下比高自尊的人更容易产生恐惧感；二是低自尊的人总认为自己没有足够的能力来应对危险情境。

（二）压力的分类

根据来源的不同，压力可分为生物性压力、社会性压力和精神性压力三种类型。

（1）生物性压力是指直接阻碍和破坏个体生存的事件，包括躯体创伤和疾病、饥饿、噪声等。

（2）社会性压力是指直接阻碍和破坏个体社会需求的事件，包括纯社会性的（如重大社会变革等），以及由自身状况造成的人际适应问题（如社会交往不良等）。

（3）精神性压力是指直接阻碍和破坏个体正常精神需求的内在和外在事件，包括错误的认知结构、个体的不良经验、道德冲突，以及长期生活经历造成的不良心理，如多疑、嫉妒、悔恨、怨恨等。

（三）压力的反应和反应阶段

1. 压力的反应

压力的反应通常表现在生理、心理和行为三个方面。

1）生理反应

面对压力时，个体机体会伴有不同程度的生理反应，主要表现在中枢神经内分泌系统和免疫系统等方面，如心率加快、心肌收缩力增强、血压升高、呼吸急促、各种激素分泌增加、消化道蠕动和分泌不足、出汗等。这些生理反应调动了机体的潜在能量，提高了机体对外界刺激的感受和适应能力，从而使机体能更有效地应付外界环境条件的变化。但过

度的压力会使人口干、腹泻、呕吐、头痛、口吃等。

2）心理反应

压力引起的心理反应有警觉、注意力集中、思维敏捷、情绪的适度唤起等，这是适应压力的正常反应，有助于个体应对压力。但过度的心理反应，如过分烦躁、抑郁、焦虑、激动不安、愤怒、沮丧、消沉等，会使个体自我评价降低、自信心减弱，表现出消极被动、无所适从。通常情况下，个体在心理上或情绪上表现出来的差异是显著的，这与个体对压力的认知和评价密切相关。

3）行为反应

压力状态下的行为反应分为直接行为反应与间接行为反应。直接行为反应是指直接面临紧张刺激时为了消除刺激而做出的反应，如做出错误的判断；间接行为反应是指为了减少或暂时消除与压力体验有关的苦恼而做出的反应，如暴饮暴食、旷课等行为。

2. 压力的反应阶段

心理学家薛利提出，每一种疾病或有害刺激都有相同的、特征性的和涉及全身的生理反应过程。他将其称作“一般适应综合征（GAS）”，并认为 GAS 是机体对有害刺激所做出的防御反应的普遍形式，可分为警觉、抵抗和衰竭三个阶段。

1）警觉阶段

在警觉阶段，个体机体的交感神经兴奋，能促进新陈代谢，释放储存的能量。压力出现后，在很短的时间内，个体会产生低于正常水平的抗拒，引起人体肠胃失调、血压升高，进而做出自我保护性的调节。如果防御性反应有效，警觉就会消退，人体逐渐恢复正常活动。大多数的短期压力都可以在这个阶段得到解决。

2）抵抗阶段

在抵抗阶段，个体的机体可以忍耐并抵抗长时间的应激源带来的衰弱效应。

3）衰竭阶段

在衰竭阶段，由于压力的长期存在，脑垂体和肾上腺无法分泌激素，个体的能量几乎耗尽，导致身体受伤，无法继续抵抗压力。如果持续发展下去，个体会进一步耗尽身体的所有能量，导致精疲力竭，陷入崩溃的状态，进而产生各种心理疾病。

（四）心理压力和心理冲突

心理学所说的压力是个体能够经历和体验到的压力，即人的心理冲突及与之伴随的强烈情绪体验。心理学家勒温和米勒按冲突的形式，将心理冲突分为以下四种类型：

（1）双趋冲突，即个体同时面临两个同样具有吸引力但又不相容的目标，个体虽然都想达到，但由于条件的限制只能达到一个目标，就会产生“鱼和熊掌不可兼得”的心理冲突。

（2）双避冲突，即个体同时面临两个都想避免的选择，但由于条件的限制无法同时避免，就会产生“二者必居其一”的心理冲突，如前有悬崖，后有追兵。双避冲突比双趋冲突的危害大，而且也较难解决。

（3）趋避冲突，即个体对同一目标既想达到，又想回避时产生的心理冲突。通常情况下，这类目标既有吸引力，又需要承担一定风险才能达到，如有的大学生想多参加社会活动，锻炼和发展自身能力，同时又担心占用太多时间，影响学习。趋避冲突是最常见的心理冲突。

（4）双重或多重趋避冲突，即个体同时面临两种或两种以上的选择，都是既有利又有弊，如选择工作等。双重或多重趋避冲突是最难以取舍的心理冲突。

二 大学生面临的压力

（一）环境压力

对于一个刚步入大学的新生来说，无法适应新环境会对其精神造成很大的影响，容易出现各种各样的心理问题，这一时期在心理学上称为“大学新生心理失衡期”。各种负面情绪都有可能在这一时期产生。例如，环境差异令部分远离家乡的大一新生在面对截然不同的气候、难以适应的饮食时格外思念家乡，时常痛哭；陌生的环境、全新的人际关系令一些内向的大学生愈发沉默寡言，终日郁郁寡欢。

（二）经济压力

对家庭困难的大学生而言，尽管有国家规定的奖学金或贷款作为支持，但是他们仍然承受着家庭经济困难的压力。一方面，他们会为高昂的学费、生活费发愁；另一方面，还要承受同学间经济差距的压力，他们害怕受到经济条件优越的同学的轻视，对其他同学的言行特别敏感，行事常常谨小慎微。

（三）学业压力

大学生的本职工作和首要任务是学习，学业压力是他们的主要压力之一。大学生的学业压力主要体现在两个方面，一方面，他们要通过学校各门课程的期末考试，取得相应的学分，以便能够顺利毕业；另一方面，为了提高自己的就业竞争力，他们还要不断参加社会实践活动、从业资格证书考试等。如此巨大的学业负担，会使大学生感受到强烈的学业压力。

（四）人际交往压力

大学生渴望交往，但在大学中，来自五湖四海的学生因为语言不同、性格各异、生活习惯相差较大，以及社会交往经验、技巧不足而不可避免地会发生各种摩擦和冲突。例如，有的大学生在交往中因不善于处理人际矛盾，而与同寝室的同学关系不融洽；有的大学生

因不善与人沟通，与同班同学没有共同语言，感觉孤独和被排挤；有的大学生面对大学复杂的人际环境不知所措，恐惧与人交往……本来读大学就让很多学生远离熟悉的家乡、父母和同学，一旦出现人际关系方面的压力，他们孤独、无助的感觉就会加剧，从而产生压抑和焦虑的情绪。

（五）就业压力

随着社会竞争日益加剧，很多大学生从刚进大学就开始考虑就业问题，就业压力便随之产生。例如，有的大学生对就业的期望值偏高，不愿屈就和调整自己的目标；有的大学生缺乏自信，害怕求职受挫，担心自己找不到合适的工作。这些都会给他们造成一定的精神和心理压力。

三　科学管理压力

（一）正确认识压力

心理学研究表明，压力是客观存在的，其本身并不会对个体造成伤害，伤害个体的是我们对压力的认知和态度。因为认知偏差，个体的压力管理可能会走入误区。常见的压力认知误区有以下三种：

（1）过于忧虑，承受了过多不必要的压力。据心理学家研究发现，在造成压力的事件中，40%永远不会发生，如世界末日；30%是过去所做决定的结果，是无法改变的；12%是因自卑等不良情绪对自身做出的不合理评判；10%与健康有关，越是担心就越严重；只有 8%是合理的。

（2）认为那些没有产生冲击性负面影响的细小压力不会对自己造成伤害。事实上，如果长期在持续性压力的笼罩下，即使这些压力比较细微，随着时间的推移，也会对个体造成一定的伤害。

（3）所有压力都必须消除掉。要知道，并非所有的压力都可以消除，能消除的只是其中的一部分。压力是一把双刃剑，有消极的一面也有积极的一面。适度的压力可以让我们对周围的环境更加警觉，帮助我们加深对自我的认识，制订更现实的目标，从而增强我们的自信心和成就感。

心灵故事

压力的效力

一艘货船在浩瀚的大海上返航时，突然遭遇了可怕的风暴。水手们惊慌失措，经验丰富的老船长果断地命令水手们立刻打开货舱，往里面灌水。“船长是不是疯了，往船舱里灌水只会增加船的重量，使船下沉，这不是自寻死路吗？”一位年轻的水手嘟囔着。

看着老船长严厉的表情，水手们还是照做了。随着货舱里的水位越升越高，船一寸一寸地下沉，依旧猛烈的狂风巨浪对船的威胁却一点一点地减少，货船渐渐平稳了。

老船长望着松了一口气的水手们说：“百万吨的巨轮很少有被打翻的，被打翻的常常是根基轻的小船。船在负重时，是最安全的；空船才是最危险的。”

这就是“压力效应”。那些得过且过，没有一点压力，做一天和尚撞一天钟的人，就像风暴中没有载货的船，往往一场人生的狂风巨浪便会把他们打翻。

（资料来源：搜狐网，有改动）

（二）消除有害压力源

引起压力的根本原因既有外在的，如物质环境、灾难事件、生活事件等，也有内在的，如心理挫折、心理冲突等。有的压力源是可以消除的，但有的压力源是无法消除的。对于可以消除的压力源，要从根本上控制压力，消除对个体有害的压力源不失为一个理想的办法。

面对有害的压力源，消除压力的步骤分为发现压力、区分压力、决定策略、立即行动四步。

1. 发现压力

当个体感受到压力时，首先要找出到底是什么原因让人感到压力，即找出压力源。

2. 区分压力

面对诸多压力源，个体在无法同时应对时，可以根据压力源的不同特征进行区分，区别对待，如优先级、可改变性等（见表 9-1）。

表 9-1 压力源分类

特征	可改变因素	不能改变因素
高优先级	1	3
低优先级	2	4

找出压力源后，首先需要分析这个压力源属于优先解决的压力源，还是属于非优先解决的压力源。所谓优先解决的压力源，是指该压力源已经严重影响个体健康，或者已经严重影响个体的职业发展，或者对个体的生活、学习产生了极大的干扰等。高优先级的压力源需要优先处理，低优先级的压力源可以随后处理。其次需要分析这个压力

源的可改变性，即是否有可改变的因素。由表 9-1 可以看出，高优先级、有可改变因素的压力源应最先处理，接下来依次是低优先级、有可改变因素的压力源，高优先级、不能改变因素的压力源，最后处理低优先级、不能改变因素的压力源。

3. 决定策略

区分出压力源后，接下来就是决定应对策略，即采用什么样的方式来处理不同的压力源，如改善人际沟通、加强时间管理、纠正错误行为、改变思维方式等。

4. 立即行动

在决定好应对策略之后，唯一的选择就是立即行动。通过采取行动去改变承受压力的现状。

（三）提高压力管理能力

压力管理能力是个体在应激期间处理应激情境，保持心理平衡的能力。加强个体任务管理能力、问题解决能力、有效沟通能力、构建和谐人际关系能力、保持灵活变通能力、正向思维能力等，都能促进个体压力管理能力的提高。

1. 任务管理能力

任务管理能力，即个体将需要完成的任务进行记录、分配并组织安排的能力。生活中繁杂的事务会耗费我们大量的宝贵时间和精力，使得我们没有充足的时间和精力去完成最重要的事情。这时，压力便随之而来。

利用时间管理工具，如管理学家科维提出的时间管理理论，可以有效提高个体的任务管理能力。根据重要和紧急的不同程度，时间管理理论对任务进行了四象限划分，如图 9-1 所示。

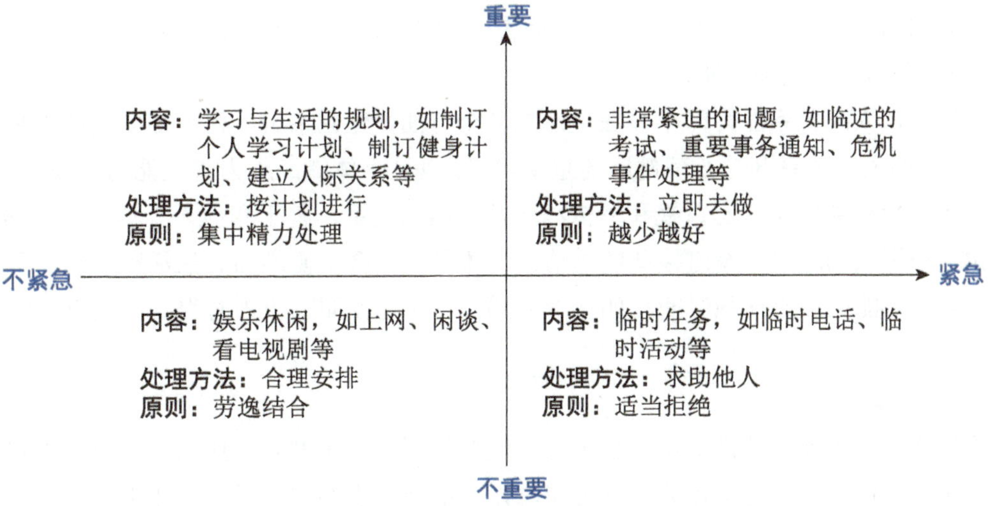

图 9-1　时间管理四象限

进行时间管理的目的不是要完成所有任务，而是更有效地利用时间，把任务按轻、重、缓、急的特点分类后采取不同的处理方法和原则，以提高效率，这样就可以为自己赢得宝贵的时间，从而有效缓解压力。

2. 问题解决能力

问题解决能力，即个体面临压力时，处理和解决问题的意愿和能力。通过立即行动、界定问题、针对事件、明确结果、坚定信心这一流程，能有效解决问题，缓和压力。

- 立即行动是指发现问题时要立刻着手处理，特别是高优先级处理的压力问题。如果不进行处理，问题不但不会消失，还有可能变得更严重，所以必须立即采取行动。
- 界定问题是指知道某事件的结果后，推断并查明造成这种结果的原因，并找到解决问题的突破口。
- 针对事件是指在处理问题的过程中，可能会牵涉相关人员，要做到对事不对人，以免因小失大，影响事件的进展。
- 明确结果是为了让行动导向更加明确，坚定不移地指导行为按照正确的方向推进。
- 坚定信心是指遇到困难时，坚信一定会有解决办法，只是暂时还没有找到，而不是这件事没有办法解决。

3. 有效沟通能力

有效沟通能力即个体在压力状态下，愿意与他人交换意见，分享自己的感受，并寻求理解和支持的意愿和能力。个体积极主动地与人沟通，并懂得用语言把自己的情绪表达出来，可以有效减少压力的产生。

对于远离家人的大学生来说，身边的老师、同学成了日常生活中经常接触且最值得信任的人。遇到不如意、不称心的事时，不妨与他们聊一聊，听一听他们的建议。这种方式不仅是对烦恼的一种合理宣泄，更是一种积极寻找解决方法的有效途径。

4. 构建和谐人际关系能力

构建和谐人际关系能力即个体在生活的各个方面，建立亲密、相互支持关系的愿望和能力。良好的人际关系既是心理健康的重要保障，也是个体提高压力管理能力的关键支撑。

个体若用行动证明自己重视和珍惜与朋友之间的关系，善于和他人分享自己的感受，便可拉近与别人的距离，增进彼此的感情。个体只有学会平衡学习、生活和工作，不管有多忙，都尽可能地抽出一些时间与朋友联络感情，才能在面临压力时得到坚定有力的友情支持。

5. 灵活变通能力

灵活变通能力即个体面对不同压力时，能够从不同的角度看待压力，寻找解决方案的能力。对于一件事情，当个体认为不可能时，就不会再想办法；反之，如果坚信“山不转水转，水不转路转，路不转人转”，就一定会想出办法。因此，大学生要培养勤于思考的习惯，学会从不同的角度看问题。

6. 正向思维能力

正向思维是从因到果的思维。正向思维能力要求个体在面对压力时，不要一味地担心那些有可能不会发生的事情，而是去思考哪些行为能让我们更接近目标，哪些行为会让我们远离目标。

一些非理性的想法，如“我要得到所有人的认可和喜爱”“我必须是一个全能的人”“这个世界必须是公正的”“我周围的每个人都必须像我一样优秀，否则不能与我为伍”等是需要去除的，否则会让我们陷于困惑之中。相反，积极思考问题则能起到“拨云见日”的效果。

心理训练

心理活动

十八只狐狸吃葡萄的故事——挫折应对方式

【活动目的】

（1）学习应对挫折的常用方式。

（2）通过分享自己的挫折应对方法，了解自己在应对挫折时的优缺点，提高自己的挫折承受力。

【活动过程】

（1）现场选出一名主持人和18名表演者，并给予其相应剧本。

（2）对非表演者分组并预先提问：①有多少只狐狸死了？②有多少只狐狸的身体或心灵受了伤？③有多少只狐狸虽然没吃到葡萄但心情是愉悦的？④有多少只狐狸吃到了葡萄？⑤是什么原因造成了狐狸们的不同结局？

（3）表演者逐一进行表演。

（4）小组分享心得体会。

【分享讨论】

围绕“挫折”一词，请大家谈谈自己的感想。

【剧本】

在一位农夫的果园里，紫红色的葡萄挂满了枝头，令人垂涎欲滴。当然，这种美味也逃不过在附近安营扎寨的狐狸们的眼睛，它们纷纷来到葡萄架下。

第一只狐狸发现葡萄架要远远高于自己的身高。它站在下面望着诱人的葡萄，不愿就此放弃。

它左右张望，发现了葡萄架旁边的梯子，回想农夫曾经用它摘过葡萄。于是，它学着农夫的样子爬上梯子，顺利地吃到了葡萄。

（画外音：这只狐狸采用的方法是直接解决问题。它遇到问题时勇敢面对，没有逃避，最后利用自己的聪明才智解决了问题。）

第二只狐狸发现以它的个头这辈子都无法吃到葡萄。因此，它心里想，这个葡萄肯定是酸的，吃了也会很难受，还不如不吃。于是它愉快地离开了。

（画外音：这只狐狸采用的方法是心理学中经常提到的“酸葡萄效应”，即以能够满足个人需要的理由来解释不能实现自我目标的现象。）

第三只狐狸看到高高的葡萄架并没有气馁，它想：我可以向上跳，只要我努力，我就一定能够得到。可是事与愿违，它跳得越来越低，最后累死在葡萄架下，献身做了肥料。

（画外音：这只狐狸的行为在心理学上称为“固执”。这只狐狸的悲惨结局说明，解决问题要结合自身的能力、当时的环境等多种因素。）

第四只狐狸看到葡萄架比自己高，知道吃葡萄的愿望落空了，便破口大骂，撕咬自己能够得到的藤，正巧被农夫发现，农夫用铁锹把它拍死了。

（画外音：这只狐狸的行为在心理学上称为“攻击”，这是一种不可取的应对方式，于人于己都是有害无利的。）

第五只狐狸看到自己在葡萄架下显得如此渺小，便伤心地哭起来了。心想：为什么葡萄架如此高？为什么自己如此矮小？如果像大象那样，是不是想吃什么就能吃什么？

（画外音：这只狐狸的行为在心理学上称为“倒退”，即个体在遇到挫折时，从人格发展的较高阶段倒退到人格发展的较低阶段。）

第六只狐狸仰望着葡萄架，心想，既然我吃不到葡萄，别的狐狸肯定也吃不到，既然大家都一样，那我也没什么好遗憾的了。

（画外音：这只狐狸的行为在心理学上称为“投射”，即把自己的愿望和动机归于他人，断言他人也有此愿望和动机，且这些愿望和动机往往都是超越自己能力范围的。）

第七只狐狸站在高高的葡萄架下，心情非常不好。它想：为什么我吃不到呢？我的命运怎么这么悲惨，想吃葡萄的愿望都满足不了……它越想越郁闷，最后郁郁而终。

（画外音：这只狐狸的行为是“抑郁症”的表现，即以持久的心境低落状态为特征的神经性障碍。）

第八只狐狸尝试着跳起来去够葡萄，没有成功。它又尝试了一些其他的办法，也失败了。它试图让自己不再去想葡萄，却抵抗不了葡萄的诱惑。当它听说有别的狐狸吃到了葡萄后，心里十分不平衡，最后一头撞死在葡萄架下。

（画外音：这只狐狸的下场是由心理不平衡造成的。在现实生活中，我们经常会遇到类似的“不患无，患不均”的现象。很多人在与别人比较的时候，因为心理不平衡而选择了不恰当的应对方式，最终伤及自身。）

第九只狐狸同样够不到葡萄。它心想，听别的狐狸说，柠檬的味道似乎和葡萄差不多，既然我吃不到葡萄，为何不尝一尝柠檬呢？因此，它心满意足地离开去寻找柠檬了。

（画外音：这只狐狸的行为在心理学上称为“替代”，即以一种自己可以达到的方式来代替不能满足的愿望。）

第十只狐狸看到了自己的能力与高高的葡萄架之间的差距，认识到以现在的水平和能力想吃到葡萄是不可能的。因此，它决定先给自己“充电”。它报了一个进修班，学习采摘葡萄的技术，最后如愿以偿地吃到了葡萄。

（画外音：这只狐狸采用的方法是问题指向应对策略，它能够正确分析自己与问题之间的关系和性质，找到最佳的解决方案，是一种比较好的应对方式。）

第十一只狐狸把几个同伴骗来，趁它们不注意，用铁锹将它们拍晕。然后它将同伴摞起来，踩着同伴的身体，如愿以偿地吃到了葡萄。

（画外音：这只狐狸虽然最后解决了问题，但它是在损害他人利益的基础上去解决问题的，这种应对方式是不可取的。）

第十二只狐狸是一只漂亮的狐狸小姐，它想：我一个弱女子无论如何也够不到葡萄，何不利用别人的力量呢？因此，它找了一个男朋友，这只狐狸先生借助梯子给狐狸小姐送上了最好的礼物——葡萄。

（画外音：这只狐狸的行为在心理学上称为“补偿原则”，即利用自己某方面的优势或是别人的优势来弥补自己的不足。）

第十三只狐狸对葡萄架的高度非常不满，于是它就怪罪起葡萄藤来。说葡萄藤太好高骛远，爬那么高，又说葡萄的“内心”其实并没有表面看上去那么漂亮。发泄完后，它平静地离开了。

（画外音：这只狐狸的行为在心理学上称为“抵消作用”，即以开展某种象征性的活动来抵消、掩盖内心的真实感情。）

第十四只狐狸发现自己无法吃到葡萄，它轻蔑地看着地上已经腐烂的葡萄和其他狐狸吃剩下的葡萄皮，作呕吐状，并说：“真让人恶心，谁愿意吃这些东西啊！”

（画外音：这只狐狸的行为在心理学上称为“反向作用”，即行为与动机完全相反的一种心理防御机制。）

第十五只狐狸发出了感叹：美好的事物有时候总是离我们那么远，有这样一段距离，让自己留下一点幻想又有什么不好的呢？于是它诗兴大发，一本诗集就此诞生了！

（画外音：这只狐狸的行为在心理学上称为“置换作用”，即用一种精神宣泄去代替另一种精神宣泄。）

第十六只狐狸发现想吃葡萄的愿望不能实现后，不久便出现了胃痛、消化不良的情况。这只狐狸一直不明白一向非常注重饮食的自己怎么会在消化系统上出现问题。

（画外音：这只狐狸出现的情况在心理学上称为“转化”，即个体将心理上的痛苦转换成身体上的疾病。）

第十七只狐狸知道自己吃不到葡萄后嘴一撇，说:“这有什么了不起的，我们狐狸中已经有人吃过了，谁说只有猴子能吃到果子，狐狸一样行！”

（画外音：只狐狸的行为是一种情绪取向的应对方式，在心理学上称为“傍同作用”，即当自我价值低于他人价值时，寻找与自己有关系的人来实现自我价值。）

第十八只狐狸心想：我自己吃不到葡萄，别的狐狸也吃不到，为什么我们不学习猴子捞月的合作精神呢？于是它动员所有想吃葡萄的狐狸搭成狐狸梯，这样大家都吃到了甜甜的葡萄。

（画外音：这只狐狸采用的方法是问题取向应对方式，它懂得合作的道理，最终的结果既利于自己，又利于大家。）

心书悦读

《释放：过上无压力生活的 7 个原则》

【推荐导语】 本书指出，现代社会的巨大压力往往源于人们纠结过去，担忧未来，并非现实给人们造成的伤害。因此，要想从根源上预防压力的产生，必须转变思维模式，即：从被动招架到主动应对，从消极生活到积极奋斗，从事事紧迫到重要优先，从你死我活到和谐共赢，从担忧烦恼到换位思考，从固执己见到拥抱多元，从紧张不安到宁静平和。

本书将前沿的理论与丰富的实践经历相融合，并配以大量实操练习与放松工具，总结出预防压力产生的 7 个原则，既可以防范于未然，又能够在压力来袭时避免自己受到伤害，帮助读者牢牢掌控自己的生活，轻松生活。

心理测试

测试一 你的抗挫折能力如何？

这个测试可以通过《抗挫折能力测试量表》来完成。

《抗挫折能力测试量表》由 38 个测试题目构成。扫一扫下方二维码，进行测试吧！

测试二 你会如何应对挫折？

这个测试可以通过《应对挫折方式测试量表》来完成。

《应对挫折方式测试量表》由 62 个测试题目构成。扫一扫下方二维码，进行测试吧！

抗挫折能力测试量表

应对挫折方式测试量表

第十章

为心理赋能，助生命成长

——大学生生命教育

第一节 初识生命

一 生命的内涵

我们在日常生活与工作中经常会使用“生命”这个词，如生命价值、生命意义、职业生命等。那么，生命究竟是什么？《不列颠百科全书》中对生命是这样定义的：“生命是一种物质复合体或个体的状态，主要特征为能执行某些功能活动，包括代谢、生长、生殖及某些类型的应答性和适应性活动。”也就是说，生物学上认为生命是动植物的一种存续状态，其以新陈代谢为基本存在形式，能够利用外界的物质形成自己的身体和繁衍后代，并能够适应、改变环境。

二 生命的形态

生命体是一个多层次的复杂系统，不同的生命体有着不同的形态、结构。具体到人类而言，人的生命由实体、精神和社会性三方面构成，所以可分为以下三种形态。

（一）生理性生命

生命最直观的表现是生物体的自身繁殖、生长发育、新陈代谢、遗传变异等生理现象，这是所有生命都必须具备的基本属性，人类也不例外。人类首先作为生理性的肉体生命而存在，通过饮食、呼吸等各种生理活动来维持生存。

（二）精神性生命

人类之所以被称为“万物之灵”，在于其具有远超于动物的思维意识，具有高度发达的精神性生命。人的精神性生命最大的特征是“超越性”——超越自我、超越空间、超越时间，并且永不停歇。只要人类还存活，就不会停止思考，就不会只顾当下，就不会止步不前。人类不仅思考如何活下去，还探索如何活得更好；人类不仅可以利用自然界现有的工具，还可以创造出自然中没有的无穷无尽的事物；人类不满足止步于地球，故努力去探寻外太空的秘密。

（三）价值性生命

人都会思考“为什么活着、怎样活着”的问题，这是人类对于生命价值发自内心的追问，也是对人生意义的一种诉求。是随波逐流、得过且过，还是逆流而上、拼搏奋斗？

《钢铁是怎样炼成的》对生命价值做了这样的诠释："人最宝贵的东西是生命。生命对于我们只有一次。一个人的生命应当这样度过——当他回首往事的时候，不因虚度年华而悔恨，也不因碌碌无为而羞愧。"

人只有为自己的理想而奋斗，为自己的信仰而拼搏，才能发挥出生命的价值，实现人生的意义。人的价值性生命为人的生存指明了方向，加足了动力，使人的生命更加丰满。

三　生命的特点

生命具有如下特点：

（1）生命的不可逆性。从胚胎起，生命便一直生长、发育，直到衰亡，这个过程是不可改变的。它绝不会"倒行逆施"，也不会"时光永驻"，"返老还童"亦不可能实现。

（2）生命的不可再生性。生命，对任何人来说都只有一次。人们常说，"人死不得复生"，讲的就是生命的不可再生性。

（3）生命的不可互换性。生命为个体所私有，相互之间不得交换，彼此不可替代。

（4）生命的有限性。人的生命是有限的，任何人都会不可避免地走向衰亡。有限性是生命的本质属性，生命的有限性使人不停地探寻生命的意义与价值，不断突破自我。

四　生命的历程

人的整个生命过程可分为若干个阶段，每一个阶段都是在前一个阶段的基础上发展起来的，并为下一个阶段打下基础。心理学家埃里克森按照人在特定时期的生理成熟程度和核心冲突，将人的一生分为 8 个阶段。每个阶段有相应的核心冲突，而核心冲突的处理方式和结果会影响人的一生。

（一）婴儿期（0～1 岁）：基本信任与不信任的心理冲突

这一时期是基本信任与不信任的心理冲突期。在这个阶段，婴儿还不会说话，只能通过哭闹表达自己的需求，若其需求很快得到满足，那么在这一过程中婴儿就会对周围的人建立起信任感。具有信任感的婴儿敢于希望，对未来有强烈的期待。反之，婴儿的需求持续得不到满足，就会对周围的人产生不信任感，就会不敢希望，时时担忧。

（二）幼儿期（1～3 岁）：自主与羞怯的心理冲突

在这个阶段，幼儿掌握了大量的技能，如爬、走、说话等，更重要的是他们有了自主意识，也就是说，幼儿开始自主决定做什么或不做什么。在这个阶段，自主与羞怯的心理冲突主要体现在父母与子女的冲突上：一方面，父母必须承担起规范幼儿行为，使之养成良好习惯的任务，如训练幼儿大小便，使他们对随地大小便的行为感到羞耻，训练他们好好吃饭，使他们对浪费食物的行为感到羞耻，等等；另一方面，幼儿开始有了自主意识，他们坚持自己的进食方式、排泄方式等。

在这个阶段，家庭教育对幼儿极为重要，过度溺爱将不利于幼儿的社会化，相反，过分严厉又会影响其自主意识和自我控制能力的发展。总的来说，过度保护或惩罚不当，都会使幼儿产生自我怀疑，同时变得十分羞怯。

（三）学前期（3～6 岁）：主动与内疚的心理冲突

在这个阶段，如果幼儿的主动探究行为受到鼓励，幼儿就会形成主动性，这为他将来成为一个有责任感、有创造力的人奠定了基础。如果幼儿的独创行为和想象力受到讥笑，幼儿就会感到羞愧和内疚，并逐渐失去自信心，这使他们将来更倾向于接受他人为自己安排好的生活，缺乏自己开创幸福生活的主动性。总的来说，当幼儿的主动性超越内疚感时，他们就能够正视目标，并坚定地去追求有价值的目标。

（四）学龄期（6～12 岁）：勤奋与自卑的心理冲突

在这个阶段，儿童都应在学校接受教育。学校是训练儿童适应社会、掌握今后生活所必需的知识和技能的地方。如果他们能够顺利、圆满地完成学业，就会获得成就感，并在今后的独立生活和工作中充满信心。反之，就会产生自卑感。

（五）青春期（12～18 岁）：自我同一性与角色混乱的心理冲突

在这个阶段，青少年越来越多地接触社会，并开始按自己的方式积极探索世界。在探索的过程中，青少年学会了摒弃不适合自己的东西，逐渐找到适合自己的生活方式。

在这个阶段，青少年的主要任务是了解自己，树立自己在他人眼中的形象，明确自己在社会集体中所处的位置，建立起自我同一性。所谓自我同一性，就是对自我有全面的认识，能够将自我的过去、现在和未来组成一个有机的整体，确立自己的理想与价值观念，并思考自己的未来发展。

那些无法形成自我同一性的青少年不能很好地适应环境，他们往往会放弃努力，觉得一切都是命运的安排；或具有较高的自我防御性，表现为性格多疑、做事武断、待人严苛等。

（六）成年早期（18～25 岁）：亲密与孤独的心理冲突

只有具有牢固的自我同一性的青年人，才敢与他人建立亲密关系。因为与他人建立这种爱的关系，就是把自己的同一性与他人的同一性融为一体。这其中必然会存在自我牺牲或损失，需要妥协或退让，但是，人只有这样，才能在恋爱中建立真正亲密无间的关系，从而获得亲密感，否则，将会产生孤独感。

（七）成年中期（25～65 岁）：生育感与自我专注的心理冲突

所谓生育感，有“生”和“育”两层含义。一个人即使没生孩子，只要关心孩子、教育指导孩子，也可以产生生育感。反之，没有生育感的人只关注自我，只考虑自己的需要

和利益，而不关心他人的需要和利益。

成年中期是人最关心下一代的时期，也是人创造力最为旺盛的时期。

（八）成年晚期（65 岁以上）：自我调整与绝望感的心理冲突

由于机体的不断衰老，老人的体力和心智每况愈下，内心会产生一种绝望感，对此他们必须做出相应的调整和适应，由此便产生了自我调整与绝望感的心理冲突。

当老人回顾过去时，可能内心充实，能够无憾地与世界告别；也可能怀着绝望走向死亡。自我调整是一种接受自我、承认现实的态度，是一种超脱的智慧。如果一个人的自我调整大于绝望感，他将会以超然的态度对待生活和死亡。

埃里克森认为，在每一个生命阶段，核心冲突都包含积极与消极两个方面，如果人在各个阶段都向积极方面发展，那么，就会逐渐形成健全的人格。相反，如果人在各个阶段都向消极方向发展，那么，就会产生心理危机，出现情绪障碍，进而导致人格不健全。

第二节　心理危机与干预

一　心理危机的含义

当一个人先前处理危机的方式和惯常的支持系统已不足以应对眼前的困难时，即应对困难所需要的能力水平超过其现有的能力水平时，这个人就会出现心理失衡状态。这种暂时性的心理失衡状态就是心理危机。

一般来说，心理危机实质上包括 3 个基本的部分：① 危机事件发生；② 对危机事件的感知导致当事人感到痛苦；③ 惯常的应对方式失败，导致当事人的心理、情感和行为等方面的功能水平较突发事件前降低。

由此可见，当事人的痛苦是一种内心的主观感受。因此，经历同样的危机事件，不同人的心理感受可能大不相同。

二　大学生常见的心理危机

大学生处于特殊的发展时期，对外部世界充满了探索的欲望和热情，但是其心智又尚未完全成熟，不足以应对探索过程中可能遭遇的挫折或打击，因而会不可避免地出现心理危机。大学生常见的心理危机包括以下几种。

（一）环境适应心理危机

环境适应心理危机主要发生在大学新生群体之中。对于大一新生来说，步入大学是人生的一个重要转折点。相对于中学而言，大学的生活方式、学习方式、交往方式等都会发生很大的变化，这使很多学生感觉不适应，从而产生环境适应心理危机。不同个体可能遭遇的环境适应心理危机因教育背景、家庭情况、成长经历、学习基础等因素的不同而有所不同。

（二）人际关系心理危机

大学生的人际关系心理危机主要是指大学生在与他人相处的过程中出现的不良心理状态和行为表现，如自卑、自负、逃避、闭锁等。

进入大学后，大学生将面临一种全新的人际关系。在中学时代，他们或许能够凭借优异的成绩赢得同学和老师的青睐，但在大学，优异的成绩不一定能获得他人的青睐，或者不一定能帮助自己建立良好的人际关系。另外，大学生来自五湖四海，其家庭背景、生活方式、价值观、性格、兴趣爱好等往往千差万别，这些差异会不可避免地引发摩擦和冲突。如果同学之间的矛盾得不到及时解决，人际关系心理危机就可能产生，进而给大学生的心理健康带来严重的不良影响。

（三）学业心理危机

对大学生来说，学习依然是首要任务。一些大学生常因下列情况而产生学业心理危机：一是学校非本人所爱，专业也非本人所爱，因而长期处于学与不学的矛盾冲突之中；二是不适应大学的学习方式，缺乏自主学习能力，不懂得如何学习，导致精神长期过度紧张；三是学习自觉性低，导致学习成绩一落千丈，甚至多门功课“亮红灯”；四是因面对各种考试，如学期考试、各类职业资格考试等，而变得焦躁不安等。以上这些情况极可能导致大学生出现焦虑情绪、强迫心理，甚至是精神分裂症等心理疾病。

（四）就业心理危机

由于社会竞争加剧、高校扩招等，大学生的就业形势越来越严峻，很多大学生面临着“毕业即失业”的无形压力。在这种情况下，一些大学生定位不清，目标不明，不知道毕业后到何处去，对未来非常迷茫，进而产生极其强烈的危机感。而另外一些大学生为了避免“今天不努力学习，明天就努力找工作”的被动局面，不断地给自己施压，甚至给自己设置一些不切实际的目标，并耗费大量的时间和精力来学习热门课程或所谓的实用课程，导致自己长期处于高压状态。在这种情况下，他们一旦失败，就会产生严重的挫败感，就业心理危机会更加严重。

（五）情感心理危机

情感心理危机是指一个人因遭受情感打击而出现的不良心理状态和行为表现，如无法

控制自己的情感、无法进行正常思维、无法正常学习和工作等。对大学生而言，最常见的情感心理危机诱发因素莫过于失恋。爱情这把双刃剑，既能给大学生带来甜蜜，也能给大学生带来痛苦，是诱发大学生心理问题的重要因素，有的人因此走向极端，甚至酿成悲剧。

三　心理危机的身心反应

（一）语言、表情、感情的表现

心理正常的个体通常口齿清晰，表情丰富，情绪反应正常。一般来说，若个体思维混乱，口齿不清，缺乏情绪表现，或者情绪表现激烈、极端，则表明其出现了较为严重的心理危机。

如果大学生的内心比较压抑，出现语言表达不清，情绪表现异常，出现惊恐、焦虑、多疑、沮丧、抑郁、悲痛、易怒、麻木不仁、烦躁不安、过度自责、过分警觉或敏感等表现，则表明其可能存在比较严重的心理问题。大学生如果出现这种心理状态，应尽快向专业的心理咨询师求助。

（二）身体表现

在一般情况下，心理危机会引发一些身体症状，如血压上升、心跳加速、消化不良、盗汗、抽筋、乏力、失眠、呼吸不畅、胸闷不适等。在学校，大学生若感到身体不适，且通过医疗诊断无法找到明确的原因，则很可能出现了心理危机。

（三）思考、想象等心理方面的表现

不管是心理正常的个体，还是心理异常的个体，都有可能出现幻想、做白日梦等逃避现实的行为表现，但是，如果个体逃避现实的心理过于严重，则其可能出现了心理危机。此外，过度洁癖、执着于特定的数字或观念、思维过于刻板、具有强迫性观念等，也是个体出现心理危机的典型表现。

心理小知识

被害妄想症是妄想症中最常见的一种。患者往往处于恐惧状态，感觉自己经常被人议论、诬陷，遭人暗算等。被害妄想症患者往往有轻生念头，如不早诊断早治疗，易酿成大祸。被害妄想症患者往往有一定的性格缺陷，如敏感、多疑、自尊心强、以自我为中心、爱幻想等。这常与患者童年时期受过某些刺激、缺乏母爱、无法与他人建立良好的人际关系等有关。

 四 积极应对心理危机

预防心理危机的有效手段就是心理危机干预和早期治疗。大学生要熟记心理危机干预救助热线；积极参加心理培训的课程、讲座等，掌握一定的心理调节方法；了解处于心理危机状态中的人有何表现及如何进行干预等。

当发现有同学处于心理危机状态时，应及时采取以下措施：① 尽快与辅导员、宿舍管理员、心理健康教育中心老师联系；② 不要让其独处，与其保持接触，以确保其人身安全；③ 给予其真诚的关怀，确保其周围没有放置可能对其造成伤害的器具。

当意识到自己处于心理危机状态而又无法进行有效的自我调节时，可采取以下措施：① 尽早求助心理咨询师；② 将自己目前的状况告诉家长、信任的老师和同学，向他们寻求心理支持；③ 避免独处；④ 周围不放置可能对自己造成伤害的器具。

 第三节 悦纳生命

 一 提升心理资本，乐享幸福人生

（一）心理资本概述

心理资本是指个体在成长和发展过程中表现出来的一种积极的心理状态。对个体来说，心理资本是超越人力资本和社会资本的一种核心资源，能有效地促进个体成长和发展。

心理资本可以被开发和发展。大学生合理地开发和培养心理资本，能对自身的心理健康产生积极作用。

（二）心理资本的要素

心理资本的构成要素包括自我效能感、乐观、希望和韧性。

1. 自我效能感

自我效能感是指个体在从事某一活动时，对自己是否有能力胜任当前的任务或能否成功实现目标的信念和评价。自我效能感高的人会为自己设立高目标，愿意选择困难的工作任务，喜欢挑战，并因应对各种挑战而变得强大。大学生的自我效能感往往与归因方式有关，长期将成功归因于自身能力，可以有效地增强自我效能感；反之，则会大大地削弱自我效能感。

2. 乐观

乐观是指个体无论在何种情况下，都保持对未来结果的积极期望，始终相信事情会朝着好的方向发展。乐观的人常把积极的结果归因于自身的、持久性的和普遍性的因素，而将消极的结果归因于外在的、暂时性的和特殊的因素。积极乐观的大学生往往能够正视外界的压力，善于充分利用各种有利条件，并抓住一切机会提升自己的能力，即使遭遇挫败，也更容易从失败中走出来。

3. 希望

希望不仅包括个体对未来的美好期许，还包括个体为实现自己的目标所制订的计划和付出的努力。内心充满希望的大学生往往能够设定合理且具有挑战性的目标，并且能够在计划受阻时积极做出调整，通过加倍努力去实现预期的目标。他们自信且有很强的自我意识，能全面、客观地分析自己所处的状态，即使面对困难与挫折，也相信自己一定能够获得成功。

4. 韧性

韧性是指个体在遭受挫折或承受压力的状态下，依然能够调整自己的状态以较好地适应环境的心理品质。韧性的具体表现如下：在困境之中坚守信念，勇往直前，直至实现预期的目标；在重大困难面前或危险情境之中，能迅速调整自身状态，并始终保持积极的心理状态。

上述四个要素中，自我效能感是主观幸福的重要预测因子，学生的自我效能感越高，心理幸福感水平越高，反之亦然；乐观的学生较悲观者有更少的压力和孤独感，能感受到更多的社会支持，学习成绩更好；希望水平高的学生，能够为目标付出更多的努力，学习成绩一般较好；有韧性的学生拥有强大的复原能力，更易取得成功。综上所述，我们应主动关注并发挥心理资本对心理健康的积极导向作用。

（三）大学生心理资本的开发与培养

心理资本是一个由多种因素构成的综合体，它不是固定不变的，而是可以进行开发和培养的。大学生心理资本的开发与培养主要通过改变心理资本的某一个或几个要素的状态来实现，能对大学生的成长成才产生积极影响。大学生对心理资本进行开发与培养的主要途径如下。

1. 增加成功体验，增强自我效能感

影响自我效能感的因素有很多，如成功体验、他人的反馈和评价、自我评价等，其中最主要的因素是成功体验。大学生要善于发现自己的优势，并对之进行强化，形成自己的核心竞争力，不断增加自己的成功体验，从而逐渐增强自我效能感。此外，大学生还可以有意识地参加志愿者活动、社团活动等，因为这类活动形式丰富，且参与门槛低，在这类活动中较容易获得成功体验。

2．正确认知自我，培养乐观心态

研究表明，乐观者的心理健康水平通常会高于悲观者。大学生应该能够对自我进行客观全面的分析评估，认清形势，从而形成合理的自我认知和人生观。同时，大学生应有意识地培养自己积极乐观的心态，以宽和之心对待周围的人和事，以积极的心态应对生活的挑战。

3．充满希望，不断前进

希望作为一种积极的心理状态，对人的行为具有激励作用，是鼓励大学生学习和成长的强大内驱力。具有较高希望水平的大学生能更好地应对生活的不幸与压力，即使在困境中，他们也能很好地调整自己的行为，以灵活的方式来摆脱困境。大学生要对生活充满希望，树立合理的目标，并学会把大目标分解成若干个小目标，每实现一个小目标，就对自己进行奖励，鼓励自己，为自己喝彩，以使自己始终拥有前行的动力。

4．理性应对挫折，提升心理韧性

身处逆境时，大学生可以向自己的父母、老师、同学及朋友等寻求帮助；大学生应学会正确认识挫折，受挫后应保持冷静，理性地分析受挫的原因，并总结经验教训，为以后的发展奠定基础；大学生还要学会运用积极的心理防御机制（如认同、升华、幽默等）来缓解焦虑情绪，克服挫败心理，从而增强自己的挫折承受力，提升心理韧性。

心灵驿站

自然与生命

自然界没有风风雨雨，
大地就不会春华秋实。
青春不经历顺境逆境，
生命就不会绽放异彩。

二 树立积极的生命观，拥抱美好人生

（一）正确认识生命的意义

1．生命弥足珍贵

“生命是无价之宝。”每个人的生命都只有一次，一旦失去了生命就无法重来。因此，对每一个人来说，生命都是弥足珍贵的。

正因为生命无价，每个人都应考虑如何让自己仅有一次的生命更有意义、更有价值。每个人都应珍爱自己，认真地过好每一天，绝不能随意地消耗、浪费生命，更不能轻易地、

毫无价值地结束生命。同时，每个人都要善待他人，以善良之心、善意之举对待周围的人或物，切不可暴力伤害他人，践踏生命的尊严。

2．生命需要磨砺

人的一生不可能一帆风顺，没有一个人是不经过磨砺就获得成功的。生命需要磨砺，磨砺是生命成熟之必需，未经磨砺的生命经不起考验。把人生中的一切不如意都看作对生命的磨炼，用心待之，泰然处之，我们才能变得坚强，不断成长。

3．生命在于超越

人的一生总是在得与失、苦与乐中不断交替，“在失去一切时，希望依然存在”。人应该具备一种精神和信念，一种敢于斗争的大无畏精神，一种勇往直前、百折不挠、坚持拼搏的精神。只有在不断努力拼搏的过程中实现自我的价值，才能不断超越自我，让生命升华。

谌利军：从挫折中汲取前行的力量

2021 年 7 月 25 日晚，在东京奥运会男子举重 67 公斤级比赛中，中国选手谌利军以抓举 145 公斤、挺举 187 公斤、总成绩 332 公斤夺冠，打破挺举和总成绩奥运纪录的同时，也为中国体育代表团摘得此届奥运会的第六金。这是一个属于谌利军的冠军之夜，然而他一路走来并非都是坦途。

2013 年，谌利军先后获得中华人民共和国第十二届运动会举重项目和世界举重锦标赛男子 62 公斤级冠军。2015 年，谌利军获得世界举重锦标赛男子 62 公斤级冠军并打破挺举和总成绩两项世界纪录，一时风光无限。

2016 年，谌利军代表中国举重队出战里约奥运会。在很多人看来，谌利军对这块金牌志在必得。然而，里约奥运会开幕后的第二个比赛日，在赛前热身环节，谌利军双腿抽筋，双腿“硬得像石头”。经过简单按摩治疗，谌利军上场尝试抓举 143 公斤。在连续两把抓举失败后，谌利军退出了男子举重 62 公斤级金牌争夺战。“一抓杠铃，我的腿就又硬起来，真是没办法。”谌利军赛后无奈说道。这是一个出乎意料的结果。

从里约赛场遗憾告退后，谌利军度过了一段懊恼和悔恨的日子。教练告诉他，在哪儿跌倒就在哪儿爬起来。但是相比单纯地夺金，把本该属于自己的荣耀夺回来显然更难。

在一次次的训练和比赛中，谌利军逐渐重建信心。从世界大学生举重锦标赛的重新回归，到全国锦标赛的夺冠，再到全运会的夺冠，谌利军慢慢找回了决战奥运的信心。“东京奥运夺冠才算扬眉吐气。”

经历了 4 年漫长艰苦的准备，2020 年东京奥运会却没有如期而至。由于疫情，奥运会推迟一年。2020 年 10 月，谌利军在全国男子举重锦标赛中肘部肌腱撕裂了。“那是一次很大的打击，我从来没想到会在职业生涯做手术。”谌利军说。他没有因此一蹶不振，而是积极面对，以破釜沉舟的心态继续准备比赛。好在他恢复得很好，顺利地拿到了东京奥运会的参赛资格。

然而，在东京奥运会的赛场上，意外又出现了。谌利军抓举第二把、第三把连续试举失败，这让人不由地想起 5 年前的场景。此时，谌利军落后对手 11 公斤，这意味着谌利军必须要在最后两次试举中举起 187 公斤才能实现逆转，这比前一次试举足足高了 12 公斤。

谌利军仿佛站在悬崖边上，“只有一口气拼了”才能获救。快速走上台、抓起杠铃、奋力一抬，谌利军稳稳地将 187 公斤举起。这是 2019 年世锦赛后，谌利军从未在比赛中举起的重量。

谌利军从挫折中汲取了前行的力量，他的圆梦故事终于画上了圆满的句号。

（资料来源：人民网，有改动）

（二）敢于承担生命责任

人们承担和履行责任的过程是探索和实现生命价值的过程。人的生命因承担和履行对自己、对他人、对社会的责任而显得靓丽、充实且富有意义。大学生要摆脱无兴趣、无斗志、无所谓的精神疲软状态和社会上极端功利化趋势的影响，勇于、敢于承担自己的生命责任。

1. 大学生要正确认识自身价值，自觉承担社会责任

部分大学生认为现实残酷，自己无力改变，于是随波逐流，得过且过。这种消极的心态使得部分大学生产生了强烈的失落感、空虚感、孤独感，认识不到自身的价值，体会不到生命的意义，严重的会导致其行为失常，甚至是人格分裂。

因此，大学生要把个人成才与社会发展结合起来，自觉把社会理想、时代要求转化为个人的成才目标，树立社会责任感和使命感。只有对人生目标、人生态度和人生理想等问题有了正确认识，才能形成社会责任感的内在精神支柱，从而产生履行社会责任感的强大动力。

2. 大学生要积极投身社会实践，体悟生命的意义

少数大学生对个人爱好偏执，对个人利益过分敏感，自我责任意识淡薄，呈现出明显的情绪化、功利化倾向，如片面强调个人权益的获取，而不愿意付出艰辛努力，不愿意承担自己行为的后果。他们过度关注自我，而忽视了对他人、对家庭、对社会的责任。这种过度关注自我甚至损害他人利益的行为，必然会遭到社会的否定和排斥，从而使其陷入孤立无援的境地。这种对自我责任的彻底放弃，甚至会直接或间接导致其放弃生命。

因此，大学生应自觉走出校园，深入社会，到社区、基层去，通过兼职、实习、公益

劳动等方式，了解社会，认识国情，丰富情感，磨砺意志，在社会实践中体悟生命的意义。

3. 大学生要成为有担当的个体，努力提升生命责任感

大学生是独立的个体，要学会在各种利益冲突中做到独立思考，并对自己的行为后果负责。如果一个人不知道该怎么做人，对自己不负责，甚至自暴自弃，就更谈不上对他人和社会负责了。因此，大学生要对自己负责、对自己的生命负责、对自己的事业负责、对自己的情感负责，并且由己及人，由近及远，从对自己的亲人负责，对周围的人负责，上升到对社会、民族、国家负责。个体的生命责任感应具体到生活的每一个层次、每一个领域、每一次行动中。

心理训练

心理活动

活动一　生命线

每个人的生命只有一次，请结合如下活动对过去的自己、现在的自己、未来的自己做一次评估和展望，重新审视生命的意义，思考如何过好未来的每一天。

（1）请准备一张白纸和一支铅笔。把白纸横向摆好，在纸的最上方居中写上“×××（自己的名字）的生命线”。在纸的中部画一条长横线，并给这条线加上一个箭头，让它成为一条有方向的线，如图 10-1 所示。

图 10-1　生命线

（2）线的起点是你出生的时候，终点是预测的死亡年龄。请在画好的生命线上找到自己目前所在的那个点，并标记上年龄。

（3）在标记的左侧（代表着过去的岁月）写出对你有着重大影响的事件，并将它们发生的时间标记在横线上。

（4）认真思考在今后的日子里你最想达到的 2～3 个目标或可能出现的重大事件（如结婚、生子等），并写在标记的右侧。

（5）每个人轮流展示自己的生命线，并说一说自己的思考和感悟。

活动二 我的人生五样

请每个人拿出一张白纸，然后思考对自己而言人生中最重要的是什么，然后在白纸上写下对自己而言最重要的五样东西。这五样东西可以是具体的物品，如食物、水或金钱等；也可以是人和动物，如父母、朋友或宠物等；还可以是精神的追求，如理想、爱好或习惯等。

接着，你需要把其中一项删掉，删掉意味着这样东西从此在你的人生中消失。认真思考并做出选择，想想自己为什么把它删掉。

之后，分三次分别删掉一项内容，并思考自己为什么把它删掉。

现在，请看剩下的最后一项内容，它对你来说是最重要的。想一想自己为它付出了什么。

请认真感受删除每项内容的心理过程，并与他人分享自己的内心感受和想法。

心书悦读

《彼得·潘》

【推荐导语】 该作品是一部幻想童话，故事发生的地点——虚无岛是作者虚构出来的一个幻境，彼得·潘、叮叮当、胡克在虚无岛上生活。彼得·潘会飞，而且永远长不大；叮叮当是纤巧可爱的小仙女，这些角色都体现了这部童话的幻想性。当然，这部童话也有真实的人，即温迪和她的弟弟约翰、迈克尔。

在一个黑暗的夜晚，一个会飞的男孩彼得·潘飞到了温迪家的窗前，并告诉温迪、约翰和迈克尔，自己要教他们飞翔，然后带他们去一个充满冒险的地方。温迪、约翰和迈克尔高兴极了，于是，他们很快就学会了飞翔，然后跟着彼得·潘飞到了一个美丽的海岛——虚无岛。温迪在虚无岛上经历了各种冒险，她渐渐明白了什么是爱情、友情和亲情，明白了成长的意义。而在和温迪一起经历了种种冒险之后，彼得·潘也有所成长。

人永远无法拒绝长大。然而，当自己不再是一个孩子的时候，就会逐渐失去想象力，身躯会日益沉重，一些美好单纯的东西会渐渐被忘却，只剩下世俗的纷扰。每一个孩提时拥抱过童话的人的心底都曾存在过一个彼得·潘，可是彼得·潘最终会在成长的过程中从人们的心中淡去。该作品传达了成长是人生的必然的主题，告诉读者要勇敢地面对成长。

心理测试

测试一　你应对危机的能力如何？

这个测试可以通过《应对危机能力测试量表》来完成。

《应对危机能力测试量表》由 20 个测试题目构成。扫一扫下方二维码，进行测试吧！

测试二　你会产生创伤后应激障碍吗？

这个测试可以通过《创伤后应激障碍（PTSD）测试量表》来完成。

《创伤后应激障碍（PTSD）测试量表》由 17 个测试题目构成。扫一扫下方二维码，进行测试吧！

应对危机能力测试量表

创伤后应激障碍（PTSD）测试量表

参考文献

［1］郑强国，刘东杰．大学生心理健康［M］．北京：清华大学出版社，2021．

［2］陶爱荣，陆群．心理健康与发展［M］．北京：中国人民大学出版社，2020．

［3］樊富珉，费俊峰．大学生心理健康十六讲［M］．2 版．北京：高等教育出版社，2020．

［4］罗晓路，夏翠翠．大学生常见心理行为问题案例集［M］．北京：北京师范大学出版社，2018．

［5］马建青．大学生心理健康教程［M］．3 版．杭州：浙江大学出版社，2021．

［6］彭聃龄．普通心理学［M］．5 版．北京：北京师范大学出版社，2019．

［7］李继兵，杨新国，李美清．青春如歌：大学生心理成长指南［M］．桂林：广西师范大学出版社，2014．

［8］孙淑芬．大学生心理健康教育［M］．北京：北京师范大学出版社，2019．

［9］杨超，黄军友．阳光成长：大学生心理健康教育［M］．北京：人民邮电出版社，2020．